La crise de l'esprit
La politique de l'esprit
Le bilan de l'intelligence

Paul Valéry

1871 – 1945

La crise de l'esprit
La politique de l'esprit
Le bilan de l'intelligence

© 2018, AOJB
Édition : BoD – Books on Demand,
12/14 rond-point des Champs-Élysées, 75008 Paris.
Impression : BoD - Books on Demand, Norderstedt,
Allemagne
ISBN : 978-2-3220-8622-1
Dépôt légal : juin 2018

La crise de l'esprit

Première lettre

Nous autres, civilisations, nous savons maintenant que nous sommes mortelles.

Nous avions entendu parler de mondes disparus tout entiers, d'empires coulés à pic avec tous leurs hommes et tous leurs engins ; descendus au fond inexplorable des siècles avec leurs dieux et leurs lois, leurs académies et leurs sciences pures et appliquées, avec leurs grammaires, leurs dictionnaires, leurs classiques, leurs romantiques et leurs symbolistes, leurs critiques et les critiques de leurs critiques. Nous savions bien que toute la terre apparente est faite de cendres, que la cendre signifie quelque chose. Nous apercevions à travers l'épaisseur de l'histoire, les fantômes d'immenses navires qui furent chargés de richesse et d'esprit. Nous ne pouvions pas les compter. Mais ces naufrages, après tout, n'étaient pas notre affaire.

Elam, Ninive, Babylone étaient de beaux noms vagues, et la ruine totale de ces mondes avait aussi peu de signification pour nous que leur existence même. Mais *France, Angleterre, Russie...* ce seraient aussi de beaux noms. *Lusitania* aussi est un beau nom. Et nous voyons maintenant que l'abîme de l'histoire est assez grand pour tout le monde. Nous sentons qu'une civilisation a la même fragilité qu'une vie. Les circonstances qui enverraient les œuvres de Keats et celles de Baudelaire rejoindre les œuvres de Ménandre ne sont plus du tout inconcevables : elles sont dans les journaux.

* *** *

Ce n'est pas tout. La brûlante leçon est plus complète encore. Il n'a pas suffi à notre génération d'apprendre par sa propre expérience comment les plus belles choses et les plus antiques, et les plus formidables et les mieux ordonnées sont périssables *par accident* ; elle a vu, dans l'ordre de la pensée, du sens commun, et du sentiment, se produire des phénomènes extraordinaires, des réalisations brusques de paradoxes, des déceptions brutales de l'évidence.

Je n'en citerai qu'un exemple : les grandes vertus des peuples allemands ont engendré plus de maux que l'oisiveté jamais n'a créé de vices. Nous avons vu, de nos yeux vu, le travail consciencieux, l'instruction la plus solide, la discipline et l'application les plus sérieuses, adaptés à d'épouvantables desseins.

Tant d'horreurs n'auraient pas été possibles sans tant de vertus. Il a fallu, sans doute, beaucoup de science pour tuer tant d'hommes, dissiper tant de biens, anéantir tant de villes en si peu de temps; mais il a fallu non moins de *qualités morales*. Savoir et Devoir, vous êtes donc suspects ?

***

Ainsi la Persépolis spirituelle n'est pas moins ravagée que la Suse matérielle. Tout ne s'est pas perdu, mais tout s'est senti périr.

Un frisson extraordinaire a couru la moelle de l'Europe. Elle a senti, par tous ses noyaux pensants, qu'elle ne se reconnaissait plus, qu'elle cessait de se ressembler, qu'elle allait perdre conscience — une conscience acquise par des siècles de malheurs supportables, par des milliers d'hommes du premier ordre, par des chances géographiques, ethniques, historiques innombrables.

Alors, — comme pour une défense désespérée de son être et de son avoir physiologiques, toute sa mémoire lui est revenue confusément. Ses grands hommes et ses grands livres lui sont remontés pêle-mêle. Jamais on n'a tant lu, ni si passionnément que pendant la guerre : demandez aux libraires. Jamais on n'a tant prié, ni si profondément : demandez aux prêtres. On a évoqué tous les sauveurs, les fondateurs, les protecteurs, les martyrs, les héros, les pères des patries, les saintes héroïnes, les poètes nationaux...

Et dans le même désordre mental, à l'appel de la même angoisse, l'Europe cultivée a subi la reviviscence rapide de ses innombrables pensées : dogmes, philosophies, idéaux hétérogènes ; les trois cents manières d'expliquer le Monde, les mille et une nuances du christianisme, les deux douzaines de positivismes : tout le spectre de la lumière intellectuelle a étalé ses couleurs incompatibles, éclairant d'une étrange lueur contradictoire l'agonie de l'âme européenne. Tandis que les inventeurs cherchaient fiévreusement dans leurs images, dans les annales des guerres d'autrefois, les moyens de se défaire des fils de fer barbelés, de déjouer les sous-marins ou de paralyser les vols d'avions, l'âme invoquait à la fois toutes les incantations qu'elle savait, considérait sérieusement les plus bizarres prophéties; elle se cherchait des refuges, des indices, des consolations dans le registre entier des souvenirs, des actes antérieurs, des attitudes ancestrales. Et ce sont là les produits connus de l'anxiété, les entreprises désordonnées du cerveau qui court du réel au cauchemar et retourne du cauchemar au réel, affolé comme le rat tombé dans la trappe...

La crise militaire est peut-être finie. La crise économique est visible dans toute sa force; mais la crise intellectuelle, plus subtile, et qui, par sa nature même, prend les apparences les plus trompeuses (puisqu'elle se passe dans le royaume même de la dissimulation), cette crise laisse difficilement saisir son véritable point, sa *phase*.

Personne ne peut dire ce qui demain sera mort ou vivant en littérature, en philosophie, en esthétique. Nul ne sait encore quelles idées et quels modes d'expression seront inscrits sur la liste des pertes, quelles nouveautés seront proclamées.

L'espoir, certes, demeure et chante à demi-voix :

Et cum vorandi vicerit libidinem

Late triumphet imperator spiritus[1]

Mais l'espoir n'est que la méfiance de l'être à l'égard des prévisions précises de son esprit. Il suggère que toute conclusion défavorable à l'être *doit être* une erreur de son esprit. Les faits,

[1] « Vainqueur de l'appétit vorace, que l'esprit souverain étende loin son triomphe. »

pourtant, sont clairs et impitoyables. Il y a des milliers de jeunes écrivains et de jeunes artistes qui sont morts. Il y a l'illusion perdue d'une culture européenne et la démonstration de l'impuissance de la connaissance à sauver quoi que ce soit ; il y a la science, atteinte mortellement dans ses ambitions morales, et comme déshonorée par la cruauté de ses applications ; il y a l'idéalisme, difficilement vainqueur, profondément meurtri, responsable de ses rêves ; le réalisme déçu, battu, accablé de crimes et de fautes ; la convoitise et le renoncement également bafoués ; les croyances confondues dans les camps, croix contre croix, croissant contre croissant ; il y a les sceptiques eux-mêmes désarçonnés par des événements si soudains, si violents, si émouvants, et qui jouent avec nos pensées comme le chat avec la souris, — les sceptiques perdent leurs doutes, les retrouvent, les reperdent, et ne savent plus se servir des mouvements de leur esprit.

L'oscillation du navire a été si forte que les lampes les mieux suspendues se sont à la fin renversées.

Ce qui donne à la crise de l'esprit sa profondeur et sa gravité, c'est l'état dans lequel elle a trouvé le patient.

Je n'ai ni le temps ni la puissance de définir l'état intellectuel de l'Europe en 1914. Et qui oserait tracer un tableau de cet état ? Le sujet est immense ; il demande des connaissances de tous les ordres, une information infinie. Lorsqu'il s'agit, d'ailleurs, d'un ensemble aussi complexe, la difficulté de reconstituer le passé, même le plus récent, est toute comparable à la difficulté de construire l'avenir, même le plus proche; ou plutôt, c'est la même difficulté. Le prophète est dans le même sac que l'historien. Laissons-les-y.

Mais je n'ai besoin maintenant que du souvenir vague et général de ce qui se pensait à la veille de la guerre, des recherches qui se poursuivaient, des œuvres qui se publiaient.

Si donc je fais abstraction de tout détail et si je me borne à l'impression rapide, et à ce *total naturel* que donne une perception instantanée, je ne vois — *rien !* — Rien, quoique ce fût un rien infiniment riche.

Les physiciens nous enseignent que dans un four porté à l'incandescence, si notre œil pouvait subsister, il ne verrait — rien. Aucune inégalité lumineuse ne demeure et ne distingue les points de l'espace. Cette formidable énergie enfermée aboutit à l'invisibilité, à l'égalité insensible. Or, une égalité de cette espèce n'est autre chose que le *désordre* à l'état parfait.

Et de quoi était fait ce désordre de notre Europe mentale ? — De la libre coexistence dans tous les esprits cultivés des idées les plus dissemblables, des principes de vie et de connaissance les plus opposés. C'est là ce qui caractérise une époque *moderne*.

Je ne déteste pas de généraliser la notion de moderne et de donner ce nom à certain mode d'existence, au lieu d'en faire un pur synonyme de *contemporain*. Il y a dans l'histoire des moments et des lieux où nous pourrions nous introduire, *nous modernes*, sans troubler excessivement l'harmonie de ces temps-là, et sans y paraître des objets infiniment curieux, infiniment visibles, des êtres choquants, dissonants, inassimilables. Où notre entrée ferait le moins de sensation, là nous sommes presque chez nous. Il est clair que la Rome de Trajan, et que l'Alexandrie des Ptolémées nous absorberaient plus facilement que bien des localités moins reculées dans le temps, mais plus spécialisées dans un seul type de mœurs et entièrement consacrées à une seule race, à une seule culture et à un seul système de vie.

Eh bien ! l'Europe de 1914 était peut-être arrivée à la limite de ce modernisme. Chaque cerveau d'un certain rang était un carrefour pour toutes les races de l'opinion; tout penseur, une exposition universelle de pensées. Il y avait des œuvres de l'esprit dont la richesse en contrastes et en impulsions contradictoires faisait penser aux effets d'éclairage insensé des capitales de ce temps-là : les yeux brûlent et s'ennuient... Combien de matériaux, combien de travaux, de calculs, de siècles spoliés, combien de vies hétérogènes additionnées a-t-il fallu pour que ce carnaval fût possible et fût intronisé comme forme de la suprême sagesse et triomphe de l'humanité ?

Dans tel livre de cette époque — et non des plus médiocres — on trouve, sans aucun effort : — une influence des ballets russes, — un peu du style sombre de Pascal, — beaucoup d'impressions du type Goncourt, quelque chose de Nietzsche, — quelque chose de Rimbaud, — certains effets dus à la fréquentation des peintres, et parfois le ton des publications scientifiques, — le tout parfumé d'un je ne sais quoi de britannique difficile à doser !... Observons, en passant, que dans chacun des composants de cette mixture, on trouverait bien d'autres *corps*. Inutile de les rechercher : ce serait répéter ce que je viens de dire sur le modernisme, et faire toute l'histoire mentale de l'Europe.

Maintenant, sur une immense terrasse d'Elsinore, qui va de Bâle à Cologne, qui touche aux sables de Nieuport, aux marais de la Somme, aux craies de Champagne, aux granits d'Alsace, — l'Hamlet européen regarde des millions de spectres.

Mais il est un Hamlet intellectuel. Il médite sur la vie et la mort des vérités. Il a pour fantômes tous les objets de nos controverses ; il a pour remords tous les titres de notre gloire; il est accablé sous le poids des découvertes, des connaissances, incapable de se reprendre à cette activité illimitée. Il songe à l'ennui de recommencer le passé, à la folie de vouloir innover toujours. Il chancelle entre les deux abîmes, car deux dangers ne cessent de menacer le monde : l'ordre et le désordre.

S'il saisit un crâne, c'est un crâne illustre. — *Whose was it ?* — Celui-ci fut *Lionardo*. Il inventa l'homme volant, mais l'homme volant n'a pas précisément servi les intentions de l'inventeur : nous savons que l'homme volant monté sur son grand cygne (*il grande uccello sopra del dosso del suo magnio cecero*) a, de nos jours, d'autres emplois que d'aller prendre de la neige à la cime des monts pour la jeter, pendant les jours de chaleur, sur le pavé des villes... Et cet autre crâne est celui de *Leibniz* qui rêva de la paix universelle. Et celui-ci fut *Kant, Kant qui genuit Hegel qui genuit Marx qui genuit...*

Hamlet ne sait trop que faire de tous ces crânes. Mais s'il les abandonne !... Va-t-il cesser d'être lui-même ? Son esprit affreusement clairvoyant contemple le passage de la guerre à la paix. Ce passage est plus obscur, plus dangereux que le passage de la paix à la guerre; tous les peuples en sont troublés. « Et moi, se dit-il, moi, l'intellect européen, que vais-je devenir ?... Et qu'est-ce que la paix ? *La paix est peut-être, l'état de choses dans lequel l'hostilité naturelle des hommes entre eux se manifeste par de créations, au lieu de se traduire par des destructions comme fait la guerre.* C'est le temps d'une concurrence créatrice, et de la lutte des productions. Mais Moi, ne suis-je pas fatigué de produire ? N'ai-je pas épuisé le désir des tentatives extrêmes et n'ai-je pas abusé des savants mélanges ? Faut-il laisser de côté mes devoirs difficiles et mes ambitions transcendantes ? Dois-je suivre le mouvement et faire comme Polonius, qui dirige maintenant un grand journal ? comme Laertes, qui est quelque part dans l'aviation ? comme Rosencrantz, qui fait je ne sais quoi sous un nom russe ?

— Adieu, fantômes ! Le monde n'a plus besoin de vous. Ni de moi. Le monde, qui baptise du nom de progrès sa tendance à une précision fatale, cherche à unir aux bienfaits de la vie les avantages de la mort. Une certaine confusion règne encore, mais encore un peu de temps et tout s'éclaircira; nous verrons enfin apparaître le miracle d'une société animale, une parfaite et définitive fourmilière. »

Deuxième lettre

Je vous disais, l'autre jour, que la paix est cette guerre qui admet des actes d'amour et de création dans son processus : elle est donc chose plus complexe et plus obscure que la guerre proprement dite, comme la vie est plus obscure et plus profonde que la mort.

Mais le commencement et la mise en train de la paix sont plus obscurs que la paix même, comme la fécondation et l'origine de la vie sont plus mystérieuses que le fonctionnement de l'être une fois fait et adapté.

Tout le monde aujourd'hui a la perception de ce mystère comme d'une sensation actuelle ; quelques hommes, sans doute, doivent percevoir leur propre moi comme positivement partie de ce mystère ; et il y a peut-être quelqu'un dont la sensibilité est assez claire, assez fine et assez riche pour lire en elle-même des états plus avancés de notre destin que ce destin ne l'est lui-même.

Je n'ai pas cette ambition. Les choses du monde ne m'intéressent que sous le rapport de l'intellect ; tout par rapport à l'intellect. Bacon dirait que cet intellect est une *Idole*. J'y consens, mais je n'en ai pas trouvé de meilleure.

Je pense donc à l'établissement de la paix en tant qu'il intéresse l'intellect et les choses de l'intellect. Ce point de vue est *faux*, puisqu'il sépare l'esprit de tout le reste des activités ; mais cette opération abstraite et cette falsification sont inévitables : tout point de vue est faux.

[*]

Une première pensée apparaît. L'idée de culture, d'intelligence, d'œuvres magistrales est pour nous dans une relation très ancienne, — tellement ancienne que nous remontons rarement jusqu'à elle, — avec l'idée d'Europe.

Les autres parties du monde ont eu des civilisations admirables, des poètes du premier ordre, des constructeurs et même des savants. Mais aucune partie du monde n'a possédé cette singulière propriété *physique* : le plus intense pouvoir *émissif* uni au plus intense pouvoir *absorbant*.

Tout est venu à l'Europe et tout en est venu. Ou presque tout.

Or, l'heure actuelle comporte cette question capitale : l'Europe va-t-elle garder sa prééminence dans tous les genres ?

L'Europe deviendra-t-elle *ce qu'elle est en réalité*, c'est-à-dire : un petit cap du continent asiatique ?

Ou bien l'Europe restera-t-elle *ce qu'elle paraît*, c'est-à-dire : la partie précieuse de l'univers terrestre, la perle de la sphère, le cerveau d'un vaste corps ?

Qu'on me permette, pour faire saisir toute la rigueur de cette alternative, de développer ici une sorte de théorème fondamental.

Considérez un planisphère. Sur ce planisphère, l'ensemble des terres habitables. Cet ensemble se divise en régions et dans chacune de ces régions, une certaine densité de peuple, une certaine qualité des hommes. À chacune de ces régions correspond aussi une richesse naturelle, — un sol plus ou moins fécond, un sous-sol plus ou moins précieux, un territoire plus ou moins irrigué, plus ou moins facile à équiper pour les transports, etc...

Toutes ces caractéristiques permettent de classer à toute époque les régions dont nous parlons, de telle sorte qu'à toute époque, *l'état de la terre vivante peut être défini par un système d'inégalités entre les régions habitées de sa surface.*

À chaque instant, *l'histoire* de l'instant suivant dépend de cette inégalité donnée.

Examinons maintenant non pas cette classification théorique, mais la classification qui existait hier encore dans la réalité. Nous apercevons un fait bien remarquable et qui nous est extrêmement familier :

La petite région européenne figure en tête de la classification, depuis des siècles. Malgré sa faible étendue, — et quoique la richesse du sol n'y soit pas extraordinaire, — elle domine le tableau. Par quel miracle ? — Certainement le miracle doit résider dans la qualité de sa population. Cette qualité doit compenser le nombre moindre des hommes, le nombre moindre des milles carrés, le nombre moindre des tonnes de minerai, qui sont assignés à l'Europe. Mettez dans l'un des plateaux d'une balance l'empire des Indes ; dans l'autre, le Royaume-Uni. Regardez : le plateau chargé du poids le plus petit penche !

Voilà une rupture d'équilibre bien extraordinaire. Mais ses conséquences sont plus extraordinaires encore: *elles vont nous faire prévoir un changement progressif en sens inverse.*

Nous avons suggéré tout à l'heure que la qualité de l'homme devait être le déterminant de la précellence de l'Europe. Je ne puis analyser en détail cette qualité; mais je trouve par un examen sommaire que l'avidité active, la curiosité ardente et désintéressée, un heureux mélange de l'imagination et de la rigueur logique, un certain scepticisme non pessimiste, un mysticisme non résigné... sont les caractères plus spécifiquement agissants de la Psyché européenne.

****

Un seul exemple de cet esprit, mais un exemple de première classe, — et de toute première importance : la Grèce — car il faut placer dans l'Europe tout le littoral de la Méditerranée : Smyrne et Alexandrie sont d'Europe comme Athènes et Marseille, — la Grèce a fondé la géométrie. C'était une entreprise insensée: *nous disputons* encore sur la *possibilité* de cette folie.

Qu'a-t-il fallu faire pour réaliser cette création fantastique ? — Songez que ni les Egyptiens, ni les Chinois, ni les Chaldéens, ni les Indiens n'y sont parvenus. Songez qu'il s'agit d'une aventure passionnante, d'une conquête mille fois plus précieuse et positivement plus poétique que celle de la Toison d'Or. Il n'y a pas de peau de mouton qui vaille la cuisse d'or de Pythagore.

Ceci est une entreprise qui a demandé les dons le plus communément incompatibles. Elle a requis des argonautes de l'esprit, de durs pilotes qui ne se laissent ni perdre dans leurs pensées, ni distraire par leurs impressions. Ni la fragilité des prémisses qui les portaient, ni la subtilité ou l'infinité des inférences qu'ils exploraient ne les ont pu troubler. Ils furent comme équidistants des nègres variables et des fakirs indéfinis. Ils ont accompli l'ajustement si délicat, si improbable, du langage commun au raisonnement précis ; l'analyse d'opérations motrices et visuelles très composées ; la correspondance de ces opérations à des propriétés linguistiques et grammaticales ; ils se sont fiés à la parole pour les conduire dans l'espace en aveugles clairvoyants... Et cet espace lui-même devenait de siècle en siècle une création plus riche et plus surprenante, à mesure que la pensée se possédait mieux elle-même, et qu'elle prenait plus de confiance dans la merveilleuse raison et dans la finesse initiale qui l'avaient pourvue d'incomparables instruments : définitions, axiomes, lemmes, théorèmes, problèmes, porismes, etc...

J'aurais besoin de tout un livre pour en parler comme il faudrait. Je n'ai voulu que préciser en quelques mots l'un des actes caractéristiques du génie européen. Cet exemple même me ramène sans effort à ma thèse.

*
* *

Je prétendais que l'inégalité si longtemps observée au bénéfice de l'Europe devait *par ses propres effets* se changer progressivement en inégalité de sens contraire. C'est là ce que je désignais sous le nom ambitieux de théorème fondamental.

Comment établir cette proposition ? — Je prends le même exemple : celui de la géométrie des Grecs, et je prie le lecteur de considérer à travers les âges les effets de cette discipline. On la voit peu à peu, très lentement, mais très sûrement, prendre une telle autorité que toutes les recherches, toutes les expériences acquises tendent invinciblement à lui emprunter son allure rigoureuse, son économie scrupuleuse de « matière », sa généralité automatique, ses méthodes subtiles, et cette prudence infinie qui lui permet les plus folles hardiesses... La science moderne est née de cette éducation de grand style.

Mais une fois née, une fois éprouvée et récompensée par ses applications matérielles, notre science devenue moyen de puissance, moyen de domination concrète excitant de la richesse, appareil d'exploitation du capital planétaire, — cesse d'être une « fin en soi » et une activité artistique. Le savoir, qui était une valeur de consommation devient une valeur d'échange. L'utilité du savoir fait du savoir une *denrée*, qui est désirable non plus par quelques amateurs très distingués, mais par Tout le Monde.

Cette denrée, donc, se préparera sous des formes de plus en plus maniables ou comestibles ; elle se distribuera à une clientèle de plus en plus nombreuse ; elle deviendra chose du Commerce, chose enfin qui s'imite et se produit un peu partout.

Résultat : l'inégalité qui existait entre les régions du monde au point de vue des arts mécaniques, des sciences appliquées, des moyens scientifiques de la guerre ou de la paix, — inégalité sur laquelle se fondait la prédominance européenne, — tend à disparaître graduellement.

Donc, *la classification des régions habitables du monde tend à devenir telle que la grandeur matérielle, brute, les éléments de statistique, les nombres, — population, superficie, matières premières, — déterminent enfin exclusivement ce classement des compartiments du globe.*

Et donc, la balance qui penchait de notre côté, quoique nous paraissions plus légers, commence à nous faire doucement remonter, — comme si nous avions sottement fait passer dans l'autre plateau le mystérieux appoint qui était avec nous. *Nous avons étourdiment rendu les forces proportionnelles aux masses !*

***

Ce phénomène naissant peut, d'ailleurs, être rapproché de celui qui est observable dans le sein de chaque nation et qui consiste dans la diffusion de la culture, et dans l'accession à la culture de catégories de plus en plus grandes d'individus.

Essayer de prévoir les conséquences de cette diffusion, rechercher si elle doit ou non amener nécessairement une *dégradation*, ce serait aborder un problème délicieusement compliqué de physique intellectuelle.

Le charme de ce problème, pour l'esprit spéculatif, provient d'abord de sa ressemblance avec le fait physique de la diffusion, —

et ensuite du changement brusque de cette ressemblance en différence profonde, dès que le penseur revient à son premier objet, qui est *hommes* et non *molécules*.

Une goutte de vin tombée dans l'eau la colore à peine et tend à disparaître, après une rose fumée. Voilà le fait physique. Mais supposez maintenant que, quelque temps après cet évanouissement et ce retour à la limpidité, nous voyions, çà et là, dans ce vase qui semblait redevenu eau pure, se former des gouttes de vin sombre et *pur*, — quel étonnement...

Ce phénomène de Cana n'est pas impossible dans la physique intellectuelle et sociale. On parle alors du *génie* et on l'oppose à la diffusion.

Tout à l'heure, nous considérions une curieuse balance qui se mouvait en sens inverse de la pesanteur. Nous regardons à présent un système liquide passer, comme spontanément, de l'homogène à l'hétérogène, du mélange intime à la séparation nette... Ce sont ces images paradoxales qui donnent la représentation la plus simple et la plus pratique du rôle dans le Monde de ce qu'on appelle, — depuis cinq ou dix mille ans, — *Esprit*.

* *** *

— Mais l'Esprit européen — ou du moins ce qu'il contient de plus précieux — est-il totalement diffusible ? Le phénomène de la mise en exploitation du globe, le phénomène de l'égalisation des techniques et le phénomène démocratique, qui font prévoir une *deminutio capitis* de l'Europe, doivent-ils être pris comme décisions absolues du destin ? Ou avons-nous quelque liberté *contre* cette menaçante conjuration des choses ?

C'est peut-être en cherchant cette liberté qu'on la crée. Mais pour une telle recherche, il faut abandonner pour un temps la considération des ensembles, et étudier dans l'individu pensant, la lutte de la vie personnelle avec la vie sociale.

La politique de l'esprit

Je me propose d'évoquer devant vous le désordre que nous vivons. J'essayerai de vous montrer la réaction de l'esprit qui constate ce désordre, le retour qu'il fait sur soi-même lorsque, ayant mesuré sa puissance et son impuissance, il s'interroge et tente de se représenter le chaos auquel sa nature veut qu'il s'oppose.

Mais l'image d'un chaos est un chaos. Le désordre est donc mon premier point : c'est à lui que je vous demande de penser. Il y faut un certain effort ; nous finissons par être intimement habitués à lui, nous en vivons, nous le respirons, nous le fomentons, et il arrive qu'il est pour nous un véritable besoin. Nous le trouvons autour de nous comme en nous-mêmes, dans le journal, dans nos journées, dans notre allure, dans nos plaisirs, jusque dans notre savoir. Il nous anime, et ce que nous avons créé nous-mêmes nous entraîne enfin où nous ne savons pas et où nous ne voulons pas aller.

Cet état présent, qui est notre œuvre, amorce nécessairement un certain avenir, mais un avenir qu'il nous est absolument impossible d'imaginer, et c'est là une grande nouveauté. Elle résulte de la nouveauté même du présent que nous vivons. Nous ne pouvons pas, nous ne pouvons plus déduire du passé quelques lueurs, quelques images assez probables du futur, puisque nous avons, en quelques dizaines d'années, reforgé, reconstruit, organisé aux dépens du passé (c'est-à-dire en le détruisant, en le réfutant, en le modifiant en profondeur) un état des choses dont les traits les plus remarquables sont sans précédent et sans exemple.

Jamais transformation si profonde et si prompte, la terre entièrement reconnue, explorée, équipée, je dirai même entièrement appropriée ; les événements les plus éloignés connus dans l'instant même ; nos idées et nos pouvoirs sur la matière et sur le temps, sur l'espace, conçus et utilisés tout autrement qu'ils le furent jusqu'à nous. Quel est donc le penseur, le philosophe, l'historien même le plus profond, même le plus sagace et le plus érudit, qui se risquerait aujourd'hui à prophétiser le moindrement ? Quel est le politique et quel est l'économiste auxquels nous ajouterons foi après tant d'erreurs qu'ils ont commises ? Nous ne savons même plus distinguer nettement la guerre de la paix, l'abondance de la disette, la victoire de la défaite... Et notre économie hésite à chaque instant entre un développement illimité de la *symbolique des échanges*, et un retour tout à fait inattendu au système primitif, au système des sauvages, au troc.

[*]

Parfois, quand je songe à cet état des choses et des hommes, à la fois si brillant et si obscur, si actif et si misérable, il me souvient d'une impression jadis ressentie en mer. Il m'est arrivé, il y a quelques années, de faire un voyage d'escadre. L'escadre, qui venait de Toulon et qui se dirigeait vers Brest, se trouva tout à coup, au milieu d'un beau jour, saisie par la brume, dans les parages dangereux de l'île de Sein, semés de roches : six cuirassés, une trentaine de bâtiments légers, de sous-marins, tout à coup aveuglés et stoppant, à la merci du vent et des courants, au milieu d'un champ d'écueils. Le moindre choc eût pu faire *tourner* ces citadelles chargées d'armures et d'artillerie ; l'impression était saisissante : ces grands navires prodigieusement machinés, montés par des hommes de science, de courage, de discipline, disposant de tout ce que la technique moderne peut offrir de puissance et de précision, tout à coup réduits à l'impuissance dans l'obnubilation, condamnés à une attente assez anxieuse, à cause d'un peu de vapeur qui s'était formée sur la mer.

Ce contraste est bien comparable à celui que notre époque nous présente : nous sommes aveugles, impuissants, tout armés de connaissances et chargés de pouvoirs dans un monde que nous avons équipé et organisé, et dont nous redoutons à présent la complexité inextricable. L'esprit essaye de précipiter ce trouble, de prévoir ce qu'il enfantera, de discerner dans le chaos les courants insensibles, les lignes dont les croisements éventuels seront les événements de demain.

Tantôt il essaye de préserver ce qui lui semble essentiel dans ce qui fut, dans ce qu'il connaît et dont il croit que la vie civilisée ne peut se passer. Tantôt il se résout à faire table rase, à construire un nouveau système de l'univers humain.

D'autre part, il faut bien que cet esprit songe à lui-même, à ses conditions d'existence (qui sont aussi des conditions d'accroissement), aux dangers qui menacent ses vertus, ses forces et ses biens : sa liberté, son développement, sa profondeur. Voilà les deux préoccupations dont l'examen suggérait cette dénomination assez vague et mystérieuse de *politique de l'esprit*.

$$*^*_*$$

Je voudrais seulement vous montrer que ces questions existent. Il ne s'agit point d'approfondir ; il ne s'agit même point de prétendre circonscrire un sujet d'une étendue immense et qui, loin de se simplifier et de s'éclaircir par la méditation, ne fait que devenir plus complexe et plus trouble à mesure que le regard s'y appuie. Si l'on explore même superficiellement tous les domaines de l'activité, tous les ordres du pouvoir et du savoir humain, on observe dans chacun d'eux les caractères de l'état critique : crise de l'économie, crise de la science, crise dans les lettres et dans les arts, crise de la liberté politique, crise dans les mœurs... Je n'entrerai point dans les détails. Je vous indiquerai simplement l'un des traits remarquables de cet état : *le monde moderne dans toute sa puissance, en possession d' un capital technique prodigieux, entièrement pénétré de méthodes positives, n'a su toutefois se faire ni une politique, ni une morale, ni un idéal, ni des lois civiles ou pénales, qui soient en harmonie avec les modes de vie qu'il a créés, et même avec les modes de pensée que la diffusion universelle et le développement d'un certain esprit scientifique imposent peu à peu à tous les hommes.*

Tout le monde, aujourd'hui, plus ou moins instruit des travaux critiques qui ont renouvelé les fondements des sciences, élucidé les propriétés du langage, les origines de l'institution et des formes de la vie sociale, consent qu'il n'y ait pas de notions, de principes, pas de *vérité* comme on disait jadis, qui ne soient sujets à révision, à retouche, à refonte ; pas d'action qui ne soit conventionnelle, pas de loi, écrite ou non, qui ne soit qu'approchée.

Tout le monde consent tacitement que l'*homme* dont il est question dans les lois constitutionnelles ou civiles, celui qui est le suppôt des spéculations et des manœuvres de la politique, — le *citoyen, l'électeur, l'éligible, le contribuable, le justiciable,* — n'est peut-être pas tout à fait le même homme que les idées actuelles en matière de biologie ou de psychologie, voire de psychiatrie, permettraient de définir. Il en résulte un étrange contraste, un curieux dédoublement de nos jugements. Nous regardons les mêmes individus comme responsables et irresponsables, nous les tenons parfois pour irresponsables et nous les traitons en responsables, selon la fiction même que nous adoptons dans l'instant, selon que nous nous trouvons à l'état juridique ou à l'état objectif de notre faculté de penser. De même, voit-on dans quantité d'esprits coexister la foi et l'athéisme, l'anarchie dans les sentiments et quelque doctrine d'ordre dans les opinions. La plupart d'entre nous auront sur le même sujet plusieurs thèses qui se substituent dans leurs jugements sans difficulté, dans une même heure de temps, selon l'excitation du moment.

Ce sont là des signes certains d'une *phase critique*, c'est-à-dire d'une manière de désordre intime que définissent la coexistence de contradictions dans nos idées et les inconséquences de nos actes. Nos esprits sont donc pleins de tendances et de pensées qui s'ignorent entre elles ; et, si l'*âge* des civilisations se doit mesurer par le nombre des contradictions qu'elles accumulent, par le nombre des coutumes et des croyances incompatibles qui s'y rencontrent et s'y tempèrent l'une l'autre, par la pluralité des philosophies et des esthétiques qui coexistent et cohabitent les mêmes têtes, il faut consentir que notre civilisation est des plus âgées. Ne trouve-t-on pas à chaque instant, dans une même famille, plusieurs religions pratiquées, plusieurs races conjointes, plusieurs opinions politiques, et, dans le même individu, tout un trésor de discordes latentes ?

Un *homme moderne*, et c'est en quoi il est moderne, vit familièrement avec une quantité de contraires établis dans la pénombre de sa pensée et qui viennent tour à tour sur la scène. Ce n'est pas tout : ces contradictions internes ou ces coexistences antagonistes dans notre milieu nous sont généralement insensibles, et nous ne pensons que rarement qu'elles n'ont pas toujours existé. Il nous suffirait cependant de nous souvenir que la tolérance, la liberté des confessions et des opinions est toujours chose fort tardive, elle ne peut se concevoir et pénétrer les lois et les mœurs que dans une époque avancée, quand les esprits se sont progressivement enrichis et affaiblis de leurs différences échangées. L'intolérance, au contraire, serait une vertu terrible des temps *purs...*

J'ai insisté quelque peu sur ce caractère, car j'y vois l'essence même du moderne. J'y vois aussi une des causes de cette grande difficulté, ou plutôt de cette impossibilité que je trouve, à représenter le monde actuel sur un seul plan et à une seule échelle. On ne peut guère raisonner à son sujet sans se perdre. Et donc il est assez vain d'essayer de conjecturer ce qui va suivre cet état d'égarement général, en se fondant sur les connaissances historiques. Je vous l'ai déjà dit, le nombre et l'importance des nouveautés introduites en si peu d'années dans l'univers humain a presque aboli toute possibilité de comparer ce qui se passait il y a cinquante ou cent ans avec ce qui se passe aujourd'hui. Nous avons introduit des pouvoirs, inventé des moyens, contracté des habitudes toutes différentes et tout imprévues. Nous avons annulé des valeurs, dissocié des idées, ruiné des sentiments qui paraissaient inébranlables pour avoir résisté à vingt siècles de vicissitudes et nous n'avons, pour exprimer un si nouvel état de choses, que des notions immémoriales.

En somme, nous nous trouvons devant le confus du système social, du matériel verbal et des mythes de toute espèce que nous avons hérités de nos pères, et des conditions toutes récentes de notre vie : conditions d'origine intellectuelle, conditions tout artificielles, et d'ailleurs essentiellement instables, car elles sont sous la dépendance directe de créations ultérieures, toujours plus nombreuses, de l'intellect. Nous voilà donc en proie à une confusion d'*espoirs illimités, justifiés par des réussites inouïes*, et de *déceptions immenses* ou de *pressentiments funestes*, effets inévitables d'échecs et de catastrophes inouïes.

****

Ce n'est ni d'hier ni d'aujourd'hui que cette question me préoccupe. Je ne vous dirai pas ce que j'en ai écrit dès 1895[2] , mais voici ce que j'écrivais en 1919, quelques mois après la fin de la guerre, sur ce même sujet.

« ...Nous autres, civilisations, nous savons maintenant que nous sommes mortelles ; nous avions entendu parler de mondes disparus tout entiers, d'empires coulés à pic avec tous leurs hommes et tous leurs engins descendus au fond inexplorable des siècles, avec leurs dieux et leurs lois, leurs académies et leurs dictionnaires, leurs classiques, leurs romantiques et leurs symbolistes, leurs critiques et les critiques de leurs critiques…

« Nous savions bien que toute la terre apparente est faite de cendres, que la cendre signifie quelque chose ; nous apercevions, à travers l'épaisseur de l'Histoire, les fantômes d'immenses navires qui furent chargés de richesses et d'esprit ; nous ne pouvions pas les compter.

« Mais ces naufrages, après tout, n'étaient pas notre affaire ; Ninive, Babylone, étaient de beaux noms vagues, et la ruine totale de ces mondes avait aussi peu de signification pour nous que leur existence même.

[2] Une Conquête méthodique.

« Nous voyons maintenant que l'abîme de l'Histoire est assez grand pour tout le monde. Nous sentons qu'une civilisation a la même fragilité qu'une vie. Les circonstances qui enverraient les œuvres de Keats et celles de Baudelaire rejoindre les œuvres de Ménandre ne sont plus du tout inconcevables : elles sont dans les journaux.

« Ce n'est pas tout. La brûlante leçon est plus complète encore : il n'a pas suffi à notre génération d'apprendre par sa propre expérience comment les plus belles choses et les plus antiques, et les plus formidables, et les mieux ordonnées, sont périssables par accident : elle a vu, dans l'ordre de la pensée, du sens commun et du sentiment, se produire des phénomènes extraordinaires, des réalisations brusques de paradoxes, des déceptions brutales de l'évidence.

« Ainsi, la Persépolis spirituelle n'est pas moins ravagée que la Suse matérielle. Tout ne s'est pas perdu, mais tout s'est senti périr. Un frisson extraordinaire a couru la moelle de l'Europe, elle a senti par tous ses noyaux pensants qu'elle ne se reconnaissait plus, qu'elle cessait de se ressembler, qu'elle allait perdre conscience, une conscience acquise par des siècles de malheurs supportables par des milliers d'hommes de premier ordre, par des chances géographiques, ethniques, historiques innombrables. Alors, comme pour une défense désespérée de son être et de son avoir physiologique, toute sa mémoire lui est revenue confusément. Ses grands hommes et ses grands livres lui sont remontés pêle-mêle. Jamais on n'a tant lu ni si passionnément que pendant la guerre : demandez aux libraires... Jamais on n'a tant prié et si profondément : demandez aux prêtres.

« On a évoqué tous les sauveurs, les fondateurs, les protecteurs, les martyrs, les héros, les pères des patries, les saintes héroïnes, les poètes nationaux ; et dans le même désordre mental, à l'appel de la même angoisse, l'Europe cultivée a subi la reviviscence rapide de ces innombrables pensées : dogmes, philosophies, idéaux hétérogènes ; les trois cents manières d'expliquer le monde ; les mille et une nuances du christianisme, les deux douzaines de positivismes ; tout le spectre de la lumière intellectuelle a étalé ses couleurs incompatibles, éclairant d'une étrange lueur contradictoire l''agonie de l'âme européenne. Tandis que des inventeurs cherchaient fiévreusement dans leurs images, dans les annales des guerres d'autrefois, les moyens de se défaire des fils de fer barbelés, de déjouer les sous-marins ou de paralyser les vols d'avions, l'âme invoquait à la fois toutes les incantations qu'elle savait, considérait sérieusement les plus bizarres prophéties.

« Elle se cherchait des refuges, des indices, des consolations dans le registre entier des souvenirs, des actes antérieurs, des attitudes ancestrales.

« Et ce sont là les produits connus de l'anxiété, les entreprises désordonnées du cerveau qui court du réel au cauchemar et retourne du cauchemar au réel, affolé comme le rat tombé dans la trappe.

« La crise militaire est peut-être finie ; la crise économique est visible dans toute sa force.

« Mais la crise intellectuelle, plus subtile et qui, par sa nature même, prend les apparences les plus trompeuses (puisqu'elle se passe dans le royaume même de la dissimulation), cette crise laisse difficilement saisir son véritable point, sa *phase*.

« Personne ne peut dire ce qui, demain, sera mort ou vivant, en littérature, en philosophie, en esthétique ; nul ne sait encore quelles idées et quels modes d'expression seront inscrits sur la liste des pertes, quelles nouveautés seront proclamées.

« L'espoir, certes, demeure, mais l'espoir n'est que la méfiance de l'être à l'égard des prévisions précises de son esprit. Il suggère que toute conclusion défavorable à l'être *doit être* une erreur de son esprit. Les faits pourtant sont clairs et impitoyables : il y a des milliers de jeunes écrivains et de jeunes artistes qui sont morts ; il y a l'illusion perdue d'une culture européenne et la démonstration de l'impuissance de la connaissance à sauver quoi que ce soit ; il y a la science atteinte mortellement dans ses ambitions morales et comme déshonorée par la cruauté de ses applications ; il y a l'idéalisme difficilement vainqueur, profondément meurtri, responsable de ses rêves ; le réalisme déçu, battu, accablé de crimes et de fautes ; la convoitise et le renoncement également bafoués, les croyances confondues dans les temps, croix contre croix, croissant contre croissant ; il y a les sceptiques eux-mêmes désarçonnés par des événements si soudains, si violents, si émouvants et qui jouent avec nos pensées comme le chat avec la souris : les sceptiques perdent leurs doutes, les retrouvent, les reperdent, et ne savent plus se servir des mouvements de leurs esprits.

« L'oscillation du navire a été si forte que les lampes les mieux suspendues se sont à la fin renversées[3]... »

Les choses depuis 1919 n'ont pas excessivement changé, et je crois bien que les pages que j'avais écrites alors représentent encore assez exactement l'incertitude et l'anxiété actuelles. Mais il faut à présent que je complète ce tableau du désordre et cette composition du chaos, en vous représentant celui qui le constate et qui l'alimente, celui qui ne peut ni le souffrir ni le renier, celui qui ne cesse, par essence, de se diviser contre soi-même. Il s'agit de l'*esprit*.

Par ce nom d'esprit, je n'entends pas du tout une entité métaphysique ; j'entends ici, très simplement, une *puissance de transformation* que nous pouvons isoler, distinguer de toutes les autres, en considérant simplement certains effets autour de nous, certaines modifications du milieu qui nous entoure et que nous ne pouvons attribuer qu'à une action très différente de celle des énergies connues de la nature ; car elle consiste au contraire à opposer les unes aux autres ces énergies qui nous sont données ou bien à les conjuguer .

Cette opposition ou cette coercition est telle qu'il en résulte ou bien un gain de temps, ou une économie de nos forces propres, ou un accroissement de puissance, ou de précision, ou de liberté, ou de durée pour notre vie. Vous voyez qu'il y a une manière de nier l'esprit

---

[3] *La crise de l'esprit.*

qui ne met en jeu aucune métaphysique, mais qui donne simplement à ce mot le sens irréprochable d'une constatation, qui en fait, en quelque sorte, le symbole d'un ensemble d'observations tout objectives.

****

Certaines des transformations qu'accomplit cette puissance définissent un domaine plus élevé. L'esprit ne s'applique pas seulement à satisfaire des instincts et des besoins indispensables, mais encore il s'exerce à spéculer sur notre sensibilité. Est-il prodige de transformation plus remarquable que celui qui s'accomplit chez le poète ou chez le musicien quand ils transposent leurs affections et jusqu' à leurs tristesses et leur détresse, en ouvrages, en poèmes, en compositions musicales, en moyens de préserver et de répandre leur vie sensitive totale par le détour des artifices techniques ? Et, comme il sait changer ses douleurs en œuvres, l'esprit a su changer les loisirs de l'homme en des jeux. Il change l'étonnement naïf en curiosité, en passion de connaissance. L'amusement des combinaisons le conduit à édifier des sciences profondément abstraites. Les premiers géomètres étaient sans doute des hommes que leurs calculs et leurs figures divertissaient à l'écart, et qui ne pensaient point qu'un jour les résultats de leurs passe-temps rigoureux serviraient à quelque chose : à élucider le système du monde et à découvrir les lois de la nature.

De même, c'est par une singulière exploitation des ressources de cet esprit transformateur que la crainte elle-même a pu enfanter d'étonnantes productions. La crainte a élevé des temples, la crainte s'est enfin changée en ces merveilleuses supplications de pierre, en édifices magnifiquement significatifs, qui sont peut-être la plus haute expression humaine de beauté et de volonté. Ainsi, des affections de l'âme, des loisirs et des rêves, l'esprit fait des valeurs supérieures ; il est une véritable pierre philosophale, un agent de transmutation de toutes choses matérielles ou mentales.

Ce caractère que j'ai pris pour le définir, ces exemples que je viens de donner, me permettent donc de dire que l'esprit de l'homme l'a engagé dans une *aventure*, aventure d'une espèce qui semble s'évertuer à s'éloigner de plus en plus de ses conditions de vie initiales, comme si cette espèce était douée d'un instinct paradoxal tout opposé à l'allure de tous les autres instincts qui tendent au contraire à ramener sans cesse l'être vivant au même point et au même état.

C'est lui, cet instinct étrange, qui tend à refaire en quelque sorte le milieu de notre existence, à nous donner des occupations parfois excessivement éloignées de celles que nous impose le souci pur et simple de la vie animale ; il crée des besoins nouveaux, il multiplie les besoins artificiels, il introduit à côté des instincts naturels dont je parlais, à côté des quelques aiguillons de nécessité vitale (instinct signifie *aiguillon*), quantité d'autres impulsions. Il a créé, en particulier, ce besoin si remarquable de capitaliser les expériences, de les réunir, de les fixer, d'en former des édifices de pensée, et même de les projeter hors du présent, comme pour essayer de saisir la vie là où elle n'est pas encore, de la tirer de là où elle n'est plus.

Permettez-moi de vous indiquer au passage une des plus extraordinaires inventions de l'humanité (j'ajoute qu'elle ne date pas d'aujourd'hui). Je songe tout simplement à l'invention du *passé* et du *futur*. Ce ne sont pas là des notions toutes naturelles : l'homme naturel vit dans l'instant comme l'animal. Plus un homme est près de la nature, moins le passé et l'avenir se construisent en lui. L'animal, sans doute, ne se sent être qu'entre un minimum de passé et un minimum d'avenir : le peu qu'il faut de passé et d'avenir pour conserver un désir jusqu'à la sensation qui le satisfait, ou la sensation du besoin jusqu'à l'acte qui le remplit. Sa durée est réduite aux intervalles de tension ou d'action qui ont pour origine l'impression d'une excitation et pour fin une réponse organique prochaine. Sans doute, divers incidents peuvent s'intercaler entre ces bornes de sa durée ; mais c'est toujours *par le plus court* que la sensibilité irritée va exciter l'acte qui l'apaise.

Il en est autrement chez l'homme : par un accroissement, par une généralisation imaginaire de l'instant, par une sorte d'abus, l'homme, *créant le temps*, non seulement construit des perspectives en deçà et au delà de ses intervalles de réaction, mais, bien plus, *il ne vit que fort peu* dans l'instant même. Son établissement principal est dans le passé ou dans le futur. Il ne se tient jamais dans le présent que contraint par la sensation : plaisir ou douleur. On peut dire de lui *qu'il lui manque indéfiniment ce qui n'existe pas*. C'est là une condition qui n'est point animale, qui est tout artificielle, puisqu'en somme elle n'est pas absolument nécessaire à l'être. Sans doute, ce développement du « temps » peut souvent lui être utile. Mais cette utilité est elle-même contraire, en quelque manière, à la nature. La nature ne se soucie pas des individus. Si l'homme prolonge ou adoucit son existence, il agit donc *contre nature,* et son action est de celles qui opposent l'*esprit* à la vie.

****

Or, le travail mental de prévision est une des bases essentielles de la civilisation. Prévoir est à la fois l'origine et le moyen de toutes les entreprises, grandes ou petites. C'est aussi le fondement présumé de toute la politique. C'est en somme, dans la vie humaine, un élément psychique devenu inséparable de son organisation. Un observateur extérieur à l'humanité verrait donc l'homme agir le plus souvent sans objet visible de son action comme si un autre monde lui était présent, comme s'il obéissait aux actions de choses invisibles ou à des êtres cachés. *Demain* est une puissance cachée. Voilà des exemples... La prévision est comme l'âme de tous ces mouvements indéchiffrables pour l'observateur dont je vous parlais, et qui serait réduit à ne voir que ce qu'il voit.

Davantage : non seulement l'homme a acquis cette propriété de s'écarter de l'instant même, et par là de se diviser contre soi-même, mais il a acquis du même coup une remarquable propriété, quoique inégalement développée dans les divers individus. Il a acquis à différents degrés la conscience de *soi-même,* cette conscience qui fait que, s'écartant par moments *de tout ce qui est*, il peut même s'écarter de sa propre personnalité ; le *moi* peut quelquefois considérer sa propre personne comme un objet presque étranger. L'homme peut s'observer (ou croit le pouvoir) ; il peut se critiquer, il peut se contraindre ; c'est là une création originale, une tentative pour créer ce que j'oserai nommer l'*esprit de l'esprit*.

Ajoutons à cette description sommaire de l'esprit conçu dans le sens que je vous ai dit, à ces remarques immédiates, à cette création du *temps*, à cette création du *moi pur*, du moi qui s'oppose même à l'identité, à la mémoire même, à la personnalité du sujet, ajoutons la notion de ce que l'homme a pu discerner de plus riche en soi-même : l'universalité qu'il se sent posséder et de laquelle dépend toute sa vie spéculative, toute sa vie philosophique, ou scientifique, ou esthétique. Même dans l'ordre pratique, l'extension de son activité et de ses convoitises, les occasions qu'il y a à saisir, la partie qu'il a à jouer, le chemin qu'il doit suivre, les précautions qu'il doit observer, tout cela demande une acquisition, un exercice, une gymnastique du possible. Le *possible* est une sorte de faculté.

L'homme spécule : il fait des projets et des théories. Qu'est-ce qu'une théorie, si ce n'est précisément l'*usage du possible* ? La prévision dont je vous parlais tout à l'heure n'est-elle pas une application remarquable de cette faculté ? Mais il est un genre de prévision particulier que je dois signaler au passage : non seulement l'esprit s'essaye à prévoir dans l'ordre des phénomènes et des événements extérieurs, mais il tâche de se prévoir lui-même, de devancer ses propres opérations. Il tâche d'épuiser toutes les conséquences des données que son attention rassemble et d'en saisir la loi. C'est qu'il y a dans l'esprit je ne sais quelle horreur (j'allais dire *phobie*) de la *répétition. Ce qui se répète en nous n'appartient jamais à l'esprit même.* L'esprit tend à ne se répéter jamais ; il répugne à la redite, quoiqu'il lui arrive de se redire par accident. Mais, au contraire, il tend toujours à trouver la loi d'une suite, à passer à la limite (comme disent les mathématiciens), c'est-à-dire à dominer, à surmonter, à épuiser en quelque sorte la répétition prévue. Il tend à réduire à une *formule* l'infinité dont il identifie les éléments. La science mathématique n'est, au fond, pour une grande part, qu'une science de la répétition pure. Elle résume la répétition dont elle a saisi le mécanisme.

Ainsi l'esprit semble abhorrer et fuir le procédé même de la vie organique profonde, qui exige, au contraire, la répétition des actes élémentaires desquels dépendent les échanges vitaux. *Nous reposons sur le retour de quelques actes réflexes...* Mais, en revanche, la connaissance comporte une volonté contraire à la particularité, à la singularité des instants. Elle tend à absorber le cas particulier dans la loi générale, la redite dans la formule, les différences dans les moyennes et dans les grands nombres. L'esprit, par-là, s'oppose donc bien à l'allure de la machine à vivre.

Vivre, remarquez-le, en dépit de l'opinion assez répandue, en dépit de l'impression que nous donnent de la vie les journaux, les théâtres et les romans, *vivre* est une pratique essentiellement monotone. C'est à tort que l'on dit d'un spectacle ou d'un livre qu'il est *vivant* quand il est assez désordonné, qu'il présente de l'imprévu, de la spontanéité, des éclats, des effets qui émeuvent... Ce ne sont là que des caractères superficiels, des fluctuations de la sensibilité ; mais le support de ces apparences, la substance de ces accidents est un système de périodes ou de cycles de transformations, qui s'accomplissent hors de notre conscience et généralement à l'ombre de notre sensibilité.

Dans l'esprit, la mémoire, les habitudes, les automatismes de tout genre, représentent cette vie profonde et stationnaire ; mais la variété infinie des circonstances extérieures trouve en lui des ressources d'ordre supérieur. En particulier, l'esprit crée l'ordre et crée le désordre, car son affaire est de provoquer le changement. Par-là, il développe, dans un domaine de plus en plus vaste, la loi fondamentale (ou du moins ce que je crois être la loi fondamentale) de la sensibilité, qui est d'introduire dans le système vivant un élément d'imminence, d'instabilité toujours prochaine.

Notre sensibilité a cet effet de rompre en nous à chaque instant cette sorte de sommeil qui s'accorderait à la monotonie profonde des fonctions de la vie. Nous devons être secoués, avertis, réveillés à chaque instant par quelques inégalités, par quelques événements du milieu, quelques modifications dans notre allure physiologique ; et nous avons des organes, nous possédons tout un système spécialisé qui nous rappelle inopinément et très fréquemment au *nouveau*, qui nous presse de trouver l'adaptation qui convient à la circonstance, l'attitude, l'acte, le déplacement ou la déformation, qui annuleront ou accentueront les effets de la nouveauté. Ce système est celui de nos sens.

L'esprit emprunte donc à la sensibilité qui lui fournit ses étincelles initiales, ce caractère d'instabilité nécessaire qui met en train sa puissance de transformation.

L'animal couché et paisible entend un bruit insolite, c'est l'*événement*. Il dresse l'oreille, puis le cou ; l'inquiétude le gagne ; la *puissance de transformation* s'étend à l'étendue de son corps, le dresse sur ses pattes ; son oreille l'oriente et il fuit. Il *a suffi d'une faible rumeur*. C'est de même qu'un esprit très attentif aux phénomènes, un esprit chez lequel l'accoutumance n'a pas usé la sensibilité, est éveillé, *accroché*, par un événement banal (comme la chute d'un corps) ; l'inquiétude intellectuelle le gagne et se communique à tout son système virtuel de questions et de conditions... Newton demeure pendant vingt ans dans la forêt de ses combinaisons...

Autre remarque : par les travaux que suscite l'esprit, par les modifications qu'il imprime aux choses qui l'entourent (qu'il s'agisse de la nature matérielle ou des êtres vivants), il tend à communiquer à ces êtres, à cette nature, précisément les mêmes caractères qu'il reconnaît en lui. Avez-vous remarqué que toutes nos inventions tendent soit à l'économie de nos forces, soit à l'économie des répétitions (comme je vous l'ai dit) ; soit encore à conduire notre corps loin de ses états naturels, par exemple, à lui imprimer des vitesses dont l'ordre de grandeur se rapproche toujours davantage de la vitesse propre de perception et de conception de l'esprit ?

On disait souvent autrefois : « Aussi vite que la pensée. » La rapidité semblait être le propre de la perception. Mais nous connaissons aujourd'hui nombre de vitesses plus grandes que celle-ci. Dans le temps qui s'écoule entre la vue d'un objet et le souvenir qu'il évoque, ou la reconnaissance de l'objet, la lumière a franchi des milliers de kilomètres et notre voiture a fait trois mètres sur la route. La pensée semble donc s'être ingéniée à trouver le moyen de mouvoir les choses aussi promptement qu'elle-même. C'est bien là une influence des propriétés ou des caractères fonctionnels de l'esprit sur l'orientation des inventions.

Mais mon objet n'est pas seulement de caractériser l'esprit ; il est surtout de vous montrer ce qu'il a fait du monde et comment il a fait en particulier le monde social moderne dont l'ordre et le désordre, également et au même titre, sont l'œuvre de cet esprit.

Plongé dans l'univers humain, l'esprit se trouve environné d'esprits ; chacun est comme le centre d'un peuple de semblables, il est l'*unique*, et il n'est cependant que quelque unité de ce nombre indéterminé ; *il est à la fois incomparable et quelconque*. Ses relations avec le reste des êtres sont une de ses occupations les plus importantes. Ces relations participent à la contradiction que je viens de signaler. D'une part, l'esprit s'oppose au nombre : il veut être soi ; et même étendre sans limite le domaine où le *moi* est *maître*. D'autre part, il est contraint de reconnaître un monde social, un univers de volontés, d'espérances humaines, qui se limitent, mais dont il tente tantôt de parfaire, tantôt de détruire l'ordre qu'il y trouve.

L'esprit abhorre les groupements ; il n'aime pas les partis ; il se sent diminué par l'accord des esprits : il lui semble au contraire qu'il gagne quelque chose à son désaccord avec eux. Un homme qui a besoin de penser comme ses semblables a peut-être *moins d'esprit* que celui qui répugne à la conformité. D'ailleurs, on sait très bien que tout accord est instable. On sait que la division guette tous les groupes : le schisme, l'objection, la distinction, sont pour l'esprit des actes de vitalité qui ne tardent jamais à se produire après l'accord intervenu. L'esprit reprend donc dans l'arrière-pensée sa liberté ; il se redresse même contre les faits, contre l'évidence ; il est par excellence le rebelle, même quand il ordonne. C'est qu'il a d'abord conçu *ce qui est* comme un désordre à faire cesser. Mais, dans le monde actuel, il n'a pas de grands efforts à dépenser pour trouver à quoi employer son instinct constructeur. Le théâtre politique lui offre des sujets infinis.

Toute politique implique quelque idée de l'homme. On a beau limiter les objectifs politiques, les prendre aussi simples, aussi grossiers qu'on le voudra, toute politique implique toujours une idée de l'homme et de l'esprit, et une représentation du monde. Or, comme je l'ai fait pressentir, dans le monde moderne, la distance entre l'idée de l'homme que la science et la philosophie proposent, et celle à laquelle s'appliquent les législations et les notions politiques, morales ou sociales, est une distance croissante. Il y a déjà un abîme entre elles...

Si l'on traduisait en termes précis de l'usage scientifique les choses d'ordre social et moral, la discordance éclaterait entre ces idées : l'une qui serait le produit des recherches objectives récentes et fondées sur des élérr1ents *vérifiables* (c'est là le sens exact du mot : *scientifique*) ; l'autre, indécise et confuse notion, où les croyances très anciennes, les habitudes de tout âge, des abstractions d'origine millénaire, les expériences économiques, politiques de plus d'un peuple, les sentiments plus ou moins vénérables, sont bizarrement engagés et combinés. Donnons un exemple : si l'on voulait appliquer dans l'ordre politique les idées sur l'homme que nous proposent les doctrines scientifiques actuelles, la vie deviendrait probablement insupportable pour la plupart d'entre nous. Il y aurait une révolte du sentiment général devant cette application rigoureuse des données les plus rationnelles. On arriverait, en effet, à classer chaque individu, à pénétrer dans l'intimité de son existence ; parfois, à supprimer ou à mutiler certains êtres tarés ou diminués...[4]

Je ne sais si l'homme consentira jamais à se plier à une organisation aussi purement rationnelle, mais je n'ai choisi cet exemple exagéré à dessein que pour montrer le remarquable contraste qui existe déjà entre des conceptions concurrentes et

[4] Une législation étrangère toute récente réalisant cette prévision prescrit des mesures de cette rigueur raisonnée.

coexistantes dans notre esprit, chacune douée de ses forces propres, se référant à la tradition ou au progrès. Voici d'ailleurs une assez grande nouveauté : cette antinomie entre le *vrai* scientifique et le *réel* politique. L'écart n'a pas toujours existé. Il y a eu des époques où la conception de l'homme que l'on trouvait chez le magistrat, chez l'homme d'Etat, dans les lois, dans les mœurs, et celle que la philosophie du temps formulait, n'étaient pas contradictoires.

Avant d'achever par un dernier trait le tableau de cette incohérence et de cette incoordination que je vous décris, je vais vous lire encore quelques pages du même essai dont je vous ai parlé. J'y ai résumé, en forme de monologue, l'état de l'esprit européen devant son propre désarroi.

« ...Maintenant, sur une immense terrasse qui va de Bâle à Cologne, qui touche aux sables de Nieuport, aux bords de la Somme, aux grès de Champagne, au granit d'Alsace, l'Hamlet européen regarde des Millions de spectres. Mais il est un Hamlet intellectuel, il médite sur la vie et la mort des vérités ; il a pour fantôme tous les objets de nos controverses, il a pour remords tous les titres de notre gloire.

« Il est accablé sous le poids des découvertes des connaissances, incapable de se reprendre à cette activité illimitée ; il songe à l'ennui de recommencer le passé, à la folie de vouloir innover toujours.

« Il chancelle entre les deux abîmes, car deux dangers ne cessent de menacer le monde : l'ordre et le désordre.

« S'il saisit un crâne, c'est un crâne illustre : celui-ci fut Léonard de Vinci, qui inventa l'homme volant ; mais l'homme volant n'a pas précisément servi les intentions de l'inventeur. Nous savons que l'homme volant monté sur son grand cygne a de nos jours d'autres emplois que d'aller prendre de la neige à la cime des monts pour la jeter pendant les jours de chaleur sur le pavé des villes.

« Et cet autre crâne est celui de Leibniz, qui rêva de la paix universelle.

« Hamlet ne sait trop que faire de tous ces crânes, mais, s'il les abandonne, va-t-il cesser d'être lui-même ?... Son esprit affreusement clairvoyant contemple le passage de la guerre à la paix : ce passage est plus obscur, plus dangereux que le passage de la paix à la guerre ; tous les peuples en sont troublés...

« — Et moi, se dit-il, moi l'intellectuel européen, que vais-je devenir et qu'est-ce que la paix ?... La paix est peut-être l'état de choses dans lequel l'hostilité des hommes entre eux se manifeste par des créations au lieu de se traduire par des destructions comme fait la guerre.

« C'est le temps d'une concurrence créatrice et de la lutte des productions ; mais moi, ne suis-je pas fatigué de produire ?... N'ai-je pas épuisé le désir des tentatives extrêmes, et n'ai-je pas abusé des savants mélanges ?... Faut-il laisser de côté mes devoirs difficiles et mes ambitions transcendantes ?... Dois-je suivre le mouvement et faire comme Polonius, qui dirige maintenant un grand journal ; comme Laërte, qui est quelque part dans l'aviation ; comme

Rosencrantz, qui fait je ne sais quoi sous un nom russe ?... Adieu, fantôme, le monde n'a plus besoin de vous ni de moi.

« Le moi qui baptise du nom de progrès sa tendance à une précision fatale cherche à unir aux bienfaits de la vie les avantages de la mort.

« Une certaine confusion règne encore ; mais, encore un peu de temps, et tout s'éclaircira, nous verrons enfin apparaître le miracle d'une société animale, une parfaite et définitive fourmilière[5]... »

Je vous ai dit tout à l'heure que l'esprit est caractérisé par une puissance de transformation dont la tendance est d'altérer les conditions initiales et animales de l'espèce et qu'il est parvenu à se construire ainsi tout un monde fort différent du monde primitif donné. Il n'est donc pas étonnant qu'il se trouve en proie à une quantité d'énigmes dues aux antagonismes, aux contrastes qui ne manquent point de se déclarer entre les développements dont je viens de parler et la nature fondamentale de l'homme, sa nature de départ. A côté des énigmes réelles qui nous sont proposées par les choses, nous trouvons d'autres énigmes qui nous sont proposées par nos propres œuvres, par nos créations accumulées.

Une grande partie des difficultés actuelles tient à la survivance puissante d'une sorte de mystique ou de mythologie qui est de moins en moins en accord avec des faits, mais dont on ne sait comment se défaire. A chaque instant, on en ressent le poids mort

[5] *La crise de l'esprit.*

et la nécessité. Il y a en nous un combat entre la veille, le *passé* qui est représenté par cette mythologie, et un certain *lendemain* qui nous travaille. Jamais ce combat de la veille et du lendemain n'a eu lieu plus furieusement qu'aujourd'hui. Vous en trouveriez sans doute de faibles images, des *préfigures* dans l'histoire ; par exemple, à la fin du monde antique, au commencement du christianisme, au moment de la Renaissance, au moment de la Révolution.

Mais l'échelle des phénomènes a singulièrement changé. Plus nous allons, plus se fait sentir l'intervalle croissant qui se produit entre les deux aspects de l'activité de l'esprit, son aspect de transformation et son aspect de conservation.

Je dirai tout d'abord que toute la structure sociale est fondée sur la *croyance* ou sur la *confiance.* Tout pouvoir s'établit sur ces propriétés psychologiques. On peut dire que le *monde social,* le *monde juridique,* le *monde politique,* sont essentiellement des *mondes mythiques,* c'est-à-dire des mondes dont les lois, les bases, les relations qui les constituent, ne sont pas données, proposées par l'observation des choses, par une constatation, par une perception directe ; mais, au contraire, reçoivent de nous leur existence, leur force, leur action d'impulsion et de contrainte ; *et cette existence et cette action sont d' autant plus puissantes que nous ignorons davantage qu'elles viennent de nous, de notre esprit.*

Croire à la parole humaine, parlée ou écrite, est aussi indispensable aux humains que de se fier à la fermeté du sol. Certes, nous en doutons çà et là ; mais nous ne pouvons en douter que dans des cas particuliers.

Le serment, le crédit, le contrat, la signature, les rapports qu'ils supposent, l'existence du passé, le pressentiment de l'avenir, les enseignements que nous recevons, les projets que nous formons, tout cela est de nature entièrement mythique, en ce sens que tout cela s'appuie entièrement sur la propriété cardinale de nos esprits *de ne pas traiter comme choses de l'esprit des choses qui ne sont* QUE DE L'ESPRIT.

Or, le caractère essentiel de cette mythique indispensable est le suivant : elle permet l'*inégalité* dans les échanges, échange de paroles ou d'écritures contre des marchandises ; échange du *tiens* contre le *tu l'auras ;* échange du présent et du certain contre le futur et l'incertain ; échange, plus remarquable encore, de la confiance contre l'obéissance, de l'enthousiasme contre le renoncement et le sacrifice, du sentiment contre l'action.

En somme, échange du présent, du sensible, du pondérable, du réel, contre des avantages imaginés.

Mais le progrès du sens positif, progrès qui est imposé, comme vous le savez, par l'organisation de plus en plus serrée d'un monde où les grandeurs mesurables dominent de plus en plus, où les *choses vagues* font de plus en plus sentir leur vague, ce progrès-là entame les antiques fondements de l'univers social.

Il faut avouer que les plus grands esprits ont précipité cette ruine (Voltaire, par exemple). Même dans les sciences, la tâche de la critique a été singulièrement pressante et féconde. Les plus grands esprits sont toujours des esprits sceptiques. Ils croient cependant à quelque chose : *ils croient à tout ce qui peut les rendre plus grands.* C'est le cas, par exemple, de Napoléon, qui croyait à son étoile, c'est-à-dire à soi-même. Or, ne pas croire aux croyances communes, c'est évidemment croire à soi, et souvent à soi seul...

**

Mais, pour préciser cet aperçu de la vie *fiduciaire* du monde et de sa structure fondée sur la croyance dans l'homme et dans le lendemain et vous faire sentir toute l'importance réelle de l'imaginaire, je voudrais vous montrer comment le *pouvoir* lui-même, qui passe pour un effet de la force, est essentiellement une valeur spirituelle.

Le pouvoir n'a que la force qu'on veut bien lui attribuer ; même le plus brutal est fondé sur la croyance. *On lui prête comme devant agir en tout temps et en tout point la puissance qu'il ne peut, en réalité, dépenser que sur un point et à un certain moment.* En somme, tout pouvoir est exactement dans la situation d'un établissement de crédit dont l'existence repose sur la seule probabilité (d'ailleurs très grande) que tous les clients à la fois ne viendront pas le même jour réclamer leurs dépôts. Si, à *chaque instant, à un moment quelconque, un pouvoir quelconque était sommé de produire ses forces réelles sur tous les points de son empire, ce pouvoir serait en tous ces points à peu près égal à zéro...*

51

Remarquez aussi (considération plus intéressante encore) que, *si tous les hommes étaient également éclairés, également critiques, et surtout également courageux, toute société serait impossible !...*

La confiance ou la crédulité, l'inégalité intellectuelle et la crainte sous mille formes lui sont également indispensables. A ces éléments essentiels, s'ajoutent la cupidité et la vanité, — et autres vertus, — qui sont les condiments, les compléments psychiques de ces bases psychiques de la société et de la politique.

Mais je veux vous donner une image assez saisissante (quoique purement fantastique) de cette structure fiduciaire qu'exige tout l'édifice de la civilisation et qui est l'œuvre de l'esprit.

Supposez (et cette supposition n'est pas de moi, elle a été faite, je crois, par un écrivain anglais ou américain dont j'ai oublié le nom, dont je n'ai pas lu le livre ; je n'en prends que l'idée que j'ai trouvée, il y a fort longtemps, dans quelque compte rendu)... l'auteur en question suppose qu'une sorte de maladie mystérieuse attaque et détruit rapidement tout le papier qui existe dans le monde. Point de défense, point de remède ; impossible de trouver le moyen d'exterminer le microbe ou de s'opposer au phénomène physico-chimique qui attaque la cellulose. Le rongeur inconnu pénètre les tiroirs et les coffres, réduisant en poudre le contenu de nos portefeuilles et de nos bibliothèques ; tout ce qui fut écrit s'évanouit.

Le papier, vous le savez, joue le rôle d'un accumulateur et d'un conducteur ; il conduit non seulement d'un homme à un autre, mais d'un temps à un autre, une *charge très variable d'authenticité ou de crédibilité.*

Imaginez donc le papier disparu : billets de banque, titres, traités, actes, codes, poèmes, journaux, etc... Aussitôt, toute la vie sociale est foudroyée et, de cette ruine du passé, l'on voit émerger de l'avenir, du virtuel et du probable, le *réel pur.*

Chacun se sent aussitôt réduit à sa sphère immédiate de perception et d'action. L'avenir et le passé de chacun se resserrent prodigieusement ; nous sommes réduits au rayon de nos sens et de nos actions directes.

Voilà un exemple facile à concevoir du rôle immense joué par les valeurs verbales et fiduciaires. Rien ne fait mieux saisir la fragilité du monde organisé et la *spiritualité* du monde social que cette hypothèse fantastique.

Mais je fais maintenant une autre hypothèse bien moins fantastique, et donc qui devrait être plus impressionnante : au lieu de cette désagrégation, de cette maladie, de cette tuberculose du papier, fragile support de tant de choses, supposez à présent que s'affaiblisse, que s'effondre le *support de ce support* : la croyance, la confiance, le crédit que nous accordons à ce papier écrit et qui lui donne toute sa valeur. Le fait s'est déjà produit, mais jamais avec le caractère universel que nous devons malheureusement lui reconnaître de nos jours. Nous ne sommes plus dans l'hypothèse. Nous avons vu des traités solennels foulés aux pieds, d'autres perdre de jour en jour toute leur force ; nous voyons des Etats, *tous les Etats* manquer à leurs engagements, renier leur signature, opposer ou offrir à leurs créanciers l'horreur du vide.

Nous avons vu le législateur être contraint de délier des particuliers eux-mêmes des obligations que leur imposaient des contrats privés.

J'ose dire — chose extraordinaire ! — que l'or lui-même, l'or n'est plus en pleine possession de son immémoriale et mythique souveraineté ; lui, qui semblait contenir dans son atome très précieux et très pesant la confiance à l'état pur !...

Il s'agit donc d'une crise générale des valeurs. Rien n'y échappe, ni dans l'ordre économique, ni dans l'ordre moral, ni dans l'ordre politique. La liberté elle-même cesse d'être de mode. Les partis les plus avancés qui la réclamaient furieusement, il y a cinquante ans, la renient et l'immolent aujourd'hui !... Cette crise s'étend à tout : les sciences, le Code civil, la mécanique de Newton, les traditions diplomatiques, tout en est affecté. Je ne sais même pas si l'amour lui-même n'est pas en voie d'être évalué tout autrement qu'il ne l'était depuis une demi-douzaine de siècles...

En somme, crise de confiance, crise des conceptions fondamentales, c'est bien une crise de tous les rapports humains, c'est-à-dire une crise des valeurs données ou reçues par les esprits.

Ce n'est pas tout encore ; il faut envisager maintenant (et c'est par quoi je terminerai) une crise de l'esprit lui-même. Je laisse de côté la crise singulière des sciences, qui semblent désespérer maintenant de conserver leur antique idéal d'unification, d'explication de l'univers. L'univers se décompose, perd tout espoir d'une image unique. Le monde de l'extrême petitesse semble étrangement différent de celui qu'il compose par son agglomération. Même l'identité des corps s'y perd, et je ne parlerai pas non plus de la crise du déterminisme, c'est-à-dire de la causalité...

Mais je vise les dangers qui menacent très sérieusement l'existence même de toutes les valeurs supérieures de l'esprit.

Il est clair que l'on peut concevoir un état d'humanité presque heureux ; du moins un état stable, pacifié, organisé, confortable (je ne dis pas que nous en soyons fort près) ; mais on peut concevoir cet état, et concevoir en même temps qu'il s'accommode ou s'accommoderait d'une température intellectuelle fort tiède : en général, les *peuples heureux n'ont pas d'esprit*. Ils n'en ont pas grand besoin.

Si donc le monde suit une certaine pente sur laquelle il est déjà assez engagé, il faut dès aujourd'hui *considérer comme en voie de disparition rapide les conditions dans lesquelles, et grâce auxquelles, ce que nous admirons le plus, ce qui a été fait de plus admirable jusqu'ici a été créé et a pu produire ses effets.*

Tout concorde à diminuer les chances de ce qui pourrait être ou plutôt de ce qui aurait pu être de plus noble et de plus beau. Comment se peut-il ?

J'observe d'abord très facilement qu'il y a chez nous une diminution, une sorte d'obnubilation générale de la sensibilité. Nous autres modernes, nous sommes fort peu sensibles. L'homme moderne a les sens obtus, il supporte le bruit que vous savez, il supporte les odeurs nauséabondes, les éclairages violents et follement intenses ou contrastés ; il est soumis à une trépidation perpétuelle ; il a besoin d'excitants brutaux, de sons stridents, de boisons infernales, d'émotions brèves et bestiales.

Il supporte l'incohérence, il vit dans le désordre mental. D'autre part, ce travail de l'esprit auquel nous devons tout nous est parfois devenu trop facile. Le travail mental coordonné est muni aujourd'hui de moyens très puissants qui le rendent plus aisé, parfois au point de le supprimer. On a créé des symboles, il existe des machines qui dispensent de l'attention, qui dispensent du travail patient et difficile de l'esprit ; plus nous irons, plus les méthodes de symbolisation et de graphie rapide se multiplieront. *Elles tendent à supprimer l'effort de raisonner.*

Enfin, les conditions de la vie moderne tendent inévitablement, implacablement à égaliser les individus, à égaliser les caractères ; et c'est malheureusement et nécessairement sur le type le plus bas que la moyenne tend à se réduire. La mauvaise monnaie chasse la bonne.

Autre danger : je remarque que la crédulité et la naïveté sont en voie de développement inquiétant. J'observe depuis quelques années un nombre nouveau de superstitions qui n'existaient pas il y a vingt ans, en France, et qui s'introduisent peu à peu, même dans les salons. On voit des personnes fort distinguées frapper le bois des fauteuils et pratiquer des actes conjuratoires et fiduciaires. D'ailleurs, un des traits les plus frappants du monde actuel est la *futilité* ; je puis dire, sans risquer d'être trop sévère : nous sommes partagés entre la futilité et l'inquiétude. Nous avons les plus beaux jouets que l'homme ait jamais possédés : nous avons l'auto, nous avons le yo-yo, nous avons la T. S. F. et le cinéma ; nous avons tout ce que le génie a pu créer pour transmettre, avec la vitesse de la lumière, des choses qui ne sont pas toujours de la plus haute qualité. Que de divertissements ! Jamais tant de joujoux ! Mais que de préoccupations ! Jamais tant d'alarmes !

Que de devoirs enfin ! Devoirs dissimulés dans le confort lui-même ! Devoirs que la commodité, le souci du lendemain, multiplient de jour en jour, car l'organisation toujours plus parfaite de la vie nous capte aussi dans un réseau, de plus en plus serré, de règles et de contraintes, dont beaucoup nous sont insensibles ! Nous n'avons pas conscience de tout ce à quoi nous obéissons. Le téléphone sonne, nous y courons ; l'heure sonne, le rendez-vous nous presse... Songez à ce que sont, pour la formation de l'esprit, les horaires de travail, les horaires de transport, les commandements croissants de l'hygiène, jusqu'aux commandements de l'orthographe qui n'existaient pas jadis, jusqu'aux passages cloutés... Tout nous commande, tout nous presse, tout nous prescrit ce que nous avons à faire, et nous prescrit de le faire automatiquement. L'examen des réflexes devient le principal des examens d'aujourd'hui.

Il n'est pas jusqu'à la mode qui n'ait introduit une discipline de la fantaisie, une *police de l'imitation* qui soumet à de secrètes combinaisons commerciales l'esthétique d'un jour...

Enfin, de toute façon, nous sommes circonscrits, dominés par une réglementation occulte ou sensible, qui s'étend à tout, et nous sommes ahuris par cette incohérence d'excitations qui nous obsède et dont *nous finissons par avoir besoin.*

Ne sont-ce pas là des conditions détestables pour la production ultérieure d'œuvres comparables à celles que l'humanité a faites dans les siècles précédents ? Nous avons perdu le loisir de mûrir, et, si nous rentrons en nous-mêmes, nous autres artistes, nous n'y trouvons plus cette autre vertu des anciens créateurs de beauté : le dessein de durer. Entre tant de croyances mourantes dont j'ai parlé, il en est une qui a déjà disparu : c'est la croyance à la postérité et à son jugement.

Nous voici maintenant au terme de cette revue du désordre que j'ai dû faire très rapide et que nécessairement je n'ai pas ordonnée. Peut-être attendez-vous de moi une conclusion ? Nous aimons que la pièce finisse bien ou du moins qu'elle finisse. Vous aurez prompte satisfaction sur ce dernier point. Sur l'autre, je vous répète que j'ai précisément pour objet l'impossibilité de conclure. Le besoin d'une conclusion est si puissant en nous que nous l'introduisons irrésistiblement et absurdement dans l'Histoire et même dans la politique. Nous découpons la suite des choses en tragédies bien déterminées, nous voulons qu'une guerre achevée soit une affaire nettement finie. Je n'ai pas besoin de vous dire que ce sentiment est malheureusement illusoire. Nous croyons aussi qu'une révolution est une solution nette, et nous savons que cela non plus n'est pas exact. Ce sont là des simplifications grossières des choses...

La seule conclusion d'une étude comme celle-ci, d'un regard sur le chaos la seule qu'une étude de ce genre fasse désirer, serait une anticipation ou un pressentiment de quelque avenir. Mais j'ai horreur des prophéties. Il y a quelque temps, on est venu me demander ce que j'augurais de la vie et ce que je croyais qu'elle serait dans cinquante ans. Comme je haussais les épaules, le questionneur diminua ses prétentions ; il abaissa ses prix et il me dit : « Et dans vingt ans, où en serons-nous ? » Je lui ai répondu : « *Nous entrons dans l'avenir à reculons...* » Et j'ai ajouté : « Que pouvait-on, en 1882, en 1892, prévoir de ce qui s'est passé depuis cette époque ? En 1882, il y a cinquante ans, il était impossible de prévoir les événements et les découvertes qui ont profondément modifié le visage du monde. » Et j'ai encore ajouté : « Monsieur, en 1892, auriez-vous prévu qu'en 1932, pour traverser une rue de Paris, il faudrait demander la protection d'un bébé de six mois et passer le gué clouté à l'abri d'un enfant en bas âge ?... » Il m'a répondu : « Je n'aurais pas prévu ça, *moi non plus.* »

***

En somme, il devient de plus en plus vain, et même de plus en plus dangereux, de prévoir à partir de données empruntées à la veille ou à l'avant-veille ; mais il demeure sage, et ce sera ma dernière parole, de se tenir prêt à tout, ou à presque tout. Il faut conserver dans nos esprits et dans nos cœurs, la volonté de lucidité, la netteté de l'intellect, le sentiment de la grandeur et du risque, de l'aventure extraordinaire dans laquelle le genre humain, s'éloignant peut-être démesurément des conditions premières et naturelles de l'espèce, s'est engagé, allant je ne sais où !

Le bilan de l'intelligence

Il y a un peu plus de deux ans, à cette même place, j'ai eu l'honneur de vous entretenir de ce que j'appelais *la Politique de l'Esprit*. Il vous souvient peut-être que, sous ce titre (qui n'est pas particulièrement précis), je m'inquiétais de l'état actuel des choses de ce monde et j'interrogeais les faits dont nous sommes les témoins et les agents, en me préoccupant, non tant de leur caractère politique ou économique que de l'état dans lequel ils mettent les choses de l'esprit. J'ai insisté (peut- être trop longuement) sur cet état critique, et je vous disais en substance qu'un désordre dont on ne peut imaginer le terme s'observe à présent dans tous les domaines. Nous le trouvons autour de nous comme en nous-mêmes, dans nos journées, dans notre allure, dans les journaux, dans nos plaisirs, et jusque dans notre savoir. L'interruption, l'incohérence, la surprise sont des conditions ordinaires de notre vie. Elles sont même devenues de véritables besoins chez beaucoup d'individus dont l'esprit ne se nourrit plus, en quelque sorte, que de variations brusques et d'excitations toujours renouvelées. Les mots « sensationnel », « impressionnant », qu'on emploie couramment aujourd'hui, sont de ces mots qui peignent une époque. Nous ne supportons plus la durée. Nous ne savons plus féconder l'ennui.

Notre nature a horreur du vide, — ce vide sur lequel les esprits de jadis savaient peindre les images de leurs idéaux, leurs Idées, au sens de Platon. Cet état que j'appelais « chaotique » est l'effet composé des œuvres et du travail accumulé des hommes. Il amorce sans doute un certain avenir, mais un avenir qu'il nous est absolument impossible d'imaginer ; et c'est là, entre les autres nouveautés, l'une des plus grandes. Nous ne pouvons plus déduire de ce que nous savons quelques figures du futur auxquelles nous puissions attacher la moindre créance.

Nous avons, en effet, en quelques dizaines d'années, bouleversé et créé tant de choses au dépens du passé ; en le réfutant, en le désorganisant, en réorganisant les idées, les méthodes, les institutions qu'il nous avait léguées, que le présent nous apparaît un état sans précédent et sans exemple. Nous ne regardons plus le passé comme un fils regarde son père, duquel il peut apprendre quelque chose, mais comme un homme fait regarde un enfant... Nous aurions parfois l'envie d'instruire et d'émerveiller les plus grands de nos aïeux, les ayant ressuscités pour nous donner ce plaisir.

Souvent, il m'amuse d'imaginer ceci : je m'abandonne à rêver la résurrection de quelqu'un de nos grands hommes de jadis. Je m'offre à lui servir de guide ; je me promène avec lui dans Paris ; je l'entends qui me presse de questions, qui s'exclame ; et je ressens, par ce moyen naïf qui m'oblige à m'étonner de ce que je vois avec étonnement tous les jours, l'immense différence que la suite des temps a créée entre la vie d'avant-hier et celle d'aujourd'hui. Mais je m'embarrasse bientôt dans mon rôle de cicerone. Songez à tout ce qu'il faudrait savoir pour expliquer à Descartes ou à Napoléon ressuscités notre système actuel d'existence, pour lui faire comprendre comment nous pouvons arriver à vivre dans des conditions si étranges, dans un milieu qu'il trouverait certainement assez effrayant, et même hostile. Cet embarras est la mesure du changement intervenu.

***

Je ne puis ici qu'effleurer l'immense question de ces changements dépassant toute prévision, qui ont profondément modifié le monde et l'ont, en quelques années, rendu méconnaissable aux yeux des observateurs qui avaient assez vécu pour l'avoir vu bien différent. Je vais insister sur le peu de temps qu'il a fallu pour amener de si énormes conséquences, et surtout arrêter un peu vos esprits sur les causes les plus puissantes de cette brusque mutation. Je pense à tous les faits nouveaux, entièrement nouveaux, prodigieusement nouveaux, qui se sont révélés à partir du commencement du siècle dernier.

***

La science, jusque-là, n'avait poursuivi ses recherches que sur des phénomènes connus *sensibles depuis toujours, et immédiatement sensibles.* Sans doute, la notion de l'univers s'était profondément modifiée, en même temps que celle de la science elle-même, et corrélativement ; mais les phénomènes observables, d'une part, les pouvoirs d'action de l'homme, d'autre part, ne s'étaient pas sensiblement accrus. Or, en 1800 (je crois), la découverte du courant électrique, par l'invention admirable de la pile, ouvre cette ère des faits nouveaux qui vont changer la face du monde. Il n'est pas sans intérêt de s'arrêter à cette date : de songer qu'il n'y a que cent trente-cinq ans que cette révélation a eu lieu. Vous en savez les suites merveilleuses : tout le domaine de l'électrodynamique et de l'électromagnétisme ouvert à la curiosité passionnée des savants, toutes les applications qui se multiplient, les relations aperçues de l'électricité avec la lumière, les conséquences théoriques qui s'ensuivirent ; le rayonnement enfin, dont l'étude vient remettre en question toutes nos connaissances physiques, et jusqu'à nos habitudes de pensée.

Envisagez, maintenant, le nombre de ces faits radicalement nouveaux, impossibles à prévoir, qui, en moins d'un siècle et demi, sont venus surprendre les esprits, depuis le courant électrique jusqu'aux rayons X et aux diverses radiations qui se découvrent depuis Curie ; ajoutez-y la quantité des applications, depuis le télégraphe jusqu'à la télévision, et vous concevrez par la réflexion de cette nouveauté toute vierge, offerte en si peu de temps au monde humain (et dont l'accroissement semble sans limites), *quel effort d'adaptation s'impose à une race si longtemps enfermée dans la contemplation et l'utilisation des mêmes phénomènes immédiatement observables, depuis l'origine.*

***

Je vous ferai ici un petit conte pour bien accuser la pensée que je vous propose, et qui est, en somme, l'entrée du genre humain dans une phase de son histoire où toute prévision devient — par cela seul qu'elle est prévision — une chance d'erreur, une production suspecte de notre esprit.

Veuillez donc supposer que les plus grands savants qui ont existé jusque vers la fin du XVIIIème siècle, les Archimède et les Newton, les Galilée et les Descartes, étant assemblés en quelque lieu des Enfers, un messager de la Terre leur apporte une dynamo et la leur donne à examiner à loisir. On leur dit que cet appareil sert aux hommes qui vivent à produire du mouvement, de la lumière ou de la chaleur. Ils regardent ; ils font tourner la partie mobile de la machine. Ils la font démonter, en interrogent et en mesurent toutes les parties. Ils font, en somme, tout ce qu'ils peuvent... Mais le courant leur est inconnu, l'induction leur est inconnue ; ils n'ont guère l'idée que de transformations mécaniques. « A quoi servent ces fils embobinés ? » disent-ils. Ils doivent conclure à leur impuissance. Ainsi, tout le savoir et tout le génie humain réunis devant ce mystérieux objet échouent à en découvrir le secret, et à deviner le fait nouveau qui fut apporté par Volta, et ceux que révélèrent Ampère, Œrsted, Faraday, et les autres...

(N'omettons pas, ici, de remarquer que tous ces grands hommes qui viennent de se déclarer incapables de comprendre la dynamo tombée de la Terre aux Enfers ont fait exactement ce que nous-mêmes faisons quand nous interrogeons un cerveau, le pesant, le disséquant, le débitant en coupes minces et soumettant ces lamelles fixées à l'examen histologique. Ce transformateur naturel nous demeure incompréhensible...)

Remarquez aussi que j'ai choisi, dans mon exemple de la dynamo, des esprits de première grandeur qui se trouvent réduits à l'impuissance, à l'impossibilité radicale de s'expliquer un appareil dont la conduite et l'usage sont familiers aujourd'hui à tant d'hommes, et qui, d'ailleurs, sont devenus indispensables à la vie sociale.

En somme, nous avons le privilège — ou le malheur très intéressant — d'assister à une transformation profonde, rapide, irrésistible de toutes les conditions de l'action humaine.

Ne croyez pas du tout que les hommes venus avant nous aient pu être les témoins de variations si sensibles et si extraordinaires dans le cours de leur vie. Un de mes amis, il y a quelque quarante ans, se moquait un jour, devant moi, de l'expression bien connue : « époque de transition », et il me disait que c'était là un cliché absurde. « Toute époque est transition », disait-il. Je pris alors un morceau de sucre (car ceci se passait après le dîner), je le lui montrai, le mis dans ma tasse de café et lui dit :

— Pensez-vous que ce morceau de sucre qui, depuis un temps assez long, se trouvait dans le sucrier, assez tranquille en somme, n'est pas en train d'éprouver des sensations d'une espèce toute nouvelle ? N'est-il pas, à présent, dans une époque qu'il peut appeler « de transition » ? Pensez-vous qu'une femme qui attend un bébé ne se sente pas dans un état assez différent de celui dans lequel elle était auparavant et qu'elle ne puisse pas nommer cette époque de sa vie une période de transition ? Je l'espère pour elle et pour le bébé.

Et je dis à présent :

– Pensez-vous qu'un homme qui aurait vécu les années entre 1872, par exemple, et 1890, et qui aurait vécu ensuite 1890 à 1934, n'aurait pas senti quelque différence d'allure entre ces deux périodes de sa vie ?

Je ne veux pas vous énumérer tout ce qui a été profondément modifié, altéré, remplacé, depuis une trentaine d'années, puisque je vous ai déjà, il y a deux ans, montré l'essentiel du tableau de cette transformation. Je vous dirai seulement, pour résumer ma pensée et m'introduire dans le sujet que je traite aujourd'hui, je vous dirai que l'on pouvait encore, il y a quelque trente ans, examiner les choses de ce monde *sous un aspect historique*, c'est-à-dire qu'il était alors dans l'esprit de tous de chercher, dans le présent d'alors, la suite et le développement assez intelligibles des événements qui s'étaient produits dans le passé. La continuité régnait dans les esprits. On trouvait, sans grande difficulté, des modèles, des exemples, des précédents, des causes, dans les documents, les souvenirs, les ouvrages historiques. Ceci était général ; et à part quelques nouveautés dans l'ordre industriel, tout le reste des éléments de la civilisation se raccordait assez facilement au passé. Mais pendant les trente ou quarante ans que nous venons de vivre, trop de nouveautés se sont introduites, dans tous les domaines. Trop de surprises, trop de créations, trop de destructions, trop de développements considérables et brusques sont venus interrompre assez brutalement cette tradition intellectuelle, cette continuité dont je vous parlais. Et des problèmes chaque jour plus nombreux, des problèmes parfaitement neufs et inattendus, se sont déclarés de toutes parts, soit dans la politique, soit dans les arts, soit dans les sciences ; dans toutes les affaires humaines, toutes les cartes ont été brouillées. *L'homme se trouve assailli par une quantité de questions auxquelles aucun homme, jusqu'ici, n'avait songé*, philosophe ou non, savant ou non ; tout le monde est comme surpris. *Tout homme appartient à deux ères.*

Dans le passé, on n'avait guère vu, en fait de nouveautés, paraître que des solutions ou des réponses à des problèmes ou à des questions très anciennes, sinon immémoriales. Mais notre nouveauté, à nous, consiste dans l'inédit des questions elles-mêmes, et non point des solutions ; dans les énoncés, et non dans les réponses.

De là cette impression générale d'impuissance et d'incohérence qui domine dans nos esprits, qui les dresse, et les met dans cet état anxieux auquel nous ne pouvons ni nous accoutumer, ni prévoir un terme. D'un côté un passé qui n'est pas aboli ni oublié, mais un passé duquel nous ne pouvons à peu près rien tirer qui nous oriente dans le présent et nous donne à imaginer le futur. De l'autre, un avenir sans la moindre figure. Nous sommes, chaque jour, à la merci d'une invention, d'un accident, matériel ou intellectuel.

Il suffit de reprendre une collection de journaux vieille à peine de quelques mois pour voir avec quelle constance les événements confondent en peu de jours les pronostics des hommes les plus compétents. Faut-il oser ajouter ici qu'un homme compétent devient un homme qui se trompe, mais qui se trompe dans toutes les règles ? Je ne puis m'empêcher de songer à ce trust des cerveaux qui fut assemblé en Amérique et qui s'évanouit en discutant, au bout de quelques semaines.

Nous ne voyons de toutes parts, sur l'univers, que tentatives, plans, expériences, essais, tâtonnements, précipités, dans tous les ordres.

La Russie, l'Allemagne, l'Italie, les Etats-Unis sont comme de vastes laboratoires où se poursuivent des recherches d'une ampleur inconnue jusqu'ici ; où l'on tente de façonner un homme nouveau, de faire une économie, des mœurs, une vie, et même des religions nouvelles. Et il en est de même dans les sciences, dans les arts et en toutes choses humaines.

Mais, en présence de cet état si angoissant d'une part, si excitant de l'autre, la question même de l'intelligence humaine se pose ; la question de l'intelligence, de ses bornes, de sa préservation, de son avenir probable, se pose à elle-même et lui apparaît la question capitale du moment.

En effet, le désordre dont je vous ai parlé, les difficultés dont je vous entretiens ne sont que les conséquences évidentes du développement intellectuel intense qui a transformé le monde. C'est le capitalisme des idées et des connaissances et le travaillisme des esprits qui sont à l'origine de cette crise. Nous trouvons facilement à la racine des phénomènes politiques et économiques de notre époque —, de la pensée, des études, des raisonnements, des travaux intellectuels. Un seul exemple : l'introduction de l'hygiène au Japon a fait que la population de cet empire a doublé en trente-cinq ans !... Quelques notions ont créé en trente-cinq ans une pression politique énorme.

Ainsi l'action de l'esprit, créant furieusement, et comme dans l'emportement le plus aveugle, des moyens matériels de grande puissance, a engendré d'énormes événements, d'échelle mondiale, et ces modifications du monde humain se sont imposées sans ordre, sans plan préconçu et, surtout, sans égard à la nature vivante, à sa lenteur d'adaptation et d'évolution, à ses limites originelles. On peut dire que *tout ce que nous savons,* c'est-à-dire *tout ce que nous pouvons*, a fini par s'opposer à *ce que nous sommes.*

Et nous voici devant une question : il s'agit de savoir si ce monde prodigieusement transformé, mais terriblement bouleversé par tant de puissance appliquée avec tant d'imprudence, peut enfin recevoir un statut rationnel, peut revenir rapidement, ou plutôt peut arriver rapidement à un état d'équilibre supportable ? En d'autres termes, l'esprit peut-il nous tirer de l'état où il nous a mis ? (Notez que le mot *rationnel* que je viens d'employer est, au fond, l'équivalent du mot *rapidement*, car il est certain que l'équilibre renaîtra fatalement, comme l'équilibre s'est rétabli après la ruine de l'empire romain, mais il ne s'est rétabli qu'au bout de plusieurs siècles. Il s'est rétabli *par les faits*, tandis que la question que je pose est celle de savoir si l'esprit, agissant directement et immédiatement, pourra rétablir *rationnellement*, c'est-à-dire *rapidement*, un certain équilibre en quelques années.)

Donc, toute la question que je posais revient à celle-ci : si l'esprit humain pourra surmonter ce que l'esprit humain a fait ? Si l'intellect humain peut sauver d'abord le monde, et ensuite soi-même ? C'est donc une sorte d'examen de la valeur actuelle de l'esprit et de sa prochaine valeur, ou de sa valeur probable, qui fait l'objet du problème que je me pose, — et que je ne résoudrai pas.

Non ! Ne vous attendez pas que je puisse même songer à le résoudre : il n'en est pas question. Et je ne me flatte pas davantage de vous l'énoncer complètement, ni clairement, ni simplement. Plus cette question s'est produite à mon esprit, plus j'ai aperçu sa complexité. Mais, sans chercher à simplifier ce qui est le contraire du simple, à éclaircir ce qui a pour fonction d'éclaircir et qui est en soi si obscur, je veux essayer de vous donner une impression de la question elle-même ; et il me suffira, je l'espère, pour atteindre ce but, de vous représenter la manière dont la vie moderne, la vie de la plupart des hommes, traite, influence, excite ou fatigue leur esprit. Je dis que la vie moderne traite les esprits de telle sorte que l'on peut raisonnablement concevoir de grandes craintes pour la conservation de la valeur dans l'ordre intellectuel.

Les conditions du travail de l'esprit ont, en effet, subi le même sort que le reste des choses humaines, c'est-à-dire qu'elles participent de l'intensité, de la hâte, de l'accélération générale des échanges, ainsi que de tous les effets de l'incohérence, de la scintillation fantastique des événements. Je vous avoue que je suis si effrayé de certains symptômes de dégénérescence et d'affaiblissement que je constate (ou crois constater) dans l'allure générale de la production et de la consommation intellectuelle, que je désespère parfois de l'avenir ! Je m'excuse (et je m'accuse) de rêver quelques fois que l'intelligence de l'homme, et tout ce par quoi s'écarte de la ligne animale, pourrait un jour s'affaiblir et l'humanité insensiblement revenir à un état instinctif, redescendre à l'inconstance et à la futilité du singe. Elle serait gagnée peu à peu à une indifférence, à une inattention, à une instabilité que bien des choses dans le monde actuel, dans ses goûts, dans ses mœurs, dans ses ambitions manifestent, ou permettent déjà de redouter. Et je me dis (sans trop y croire) :

— Toute l'histoire humaine, en tant qu'elle manifeste la pensée, n'aura peut-être été que l'effet d'une sorte de crise, d'une poussée aberrante, comparable à quelqu'une de ces brusques variations qui s'observent dans la nature et qui disparaissent aussi bizarrement qu'elles sont venues. Il y a eu des espèces instables, et des monstruosités de dimensions, de puissance, de complication, qui n'ont pas duré. Qui sait si toute notre culture n'est pas une hypertrophie, un écart, un développement insoutenable, qu'une ou deux centaines de siècles auront suffi à produire et à épuiser ?

C'est là, sans doute, une pensée bien exagérée que je n'exprime ici que pour vous faire sentir, sous des traits un peu gros, toute la préoccupation que l'on peut avoir au sujet du destin de l'intellect. Mais il est trop facile de justifier ces craintes. Il me suffira, pour vous en montrer le germe réel, de vous désigner plusieurs points, quelques-uns des points noirs de l'horizon de l'esprit.

Commençons par l'examen de cette faculté qui est fondamentale et qu'on oppose à tort à l'intelligence, dont elle est, au contraire, la véritable puissance motrice ; je veux parler de la sensibilité. Si la sensibilité de l'homme moderne se trouve fortement compromise par les conditions actuelles de sa vie, et si l'avenir semble promettre à cette sensibilité un traitement de plus en plus sévère, nous serons en droit de penser que l'intelligence souffrira profondément de l'altération de la sensibilité. Mais comment se produit cette altération ?

Notre monde moderne est tout occupé de l'exploitation toujours plus efficace, plus approfondie des énergies naturelles. Non seulement il les recherche et les dépense, pour satisfaire aux nécessités éternelles de la vie, mais il les prodigue, et il s'excite à les prodiguer au point de créer de toutes pièces des besoins inédits (et même que l'on n'eût jamais imaginé), à partir des moyens de contenter ces besoins qui n'existaient pas. Tout se passe dans notre état de civilisation industrielle comme si, ayant inventé quelque substance, on inventait d'après ses propriétés une maladie qu'elle guérisse, une soif qu'elle puisse apaiser, une douleur qu'elle abolisse. On nous inocule donc, pour des fins d'enrichissement, des goûts et des désirs qui n'ont pas de racines dans notre vie physiologique profonde, mais qui résultent d'excitations psychiques ou sensorielles délibérément infligées. L'homme moderne s'enivre de dissipation. Abus de vitesse, abus de lumière, abus de toniques, de stupéfiants, d'excitants... Abus de fréquence dans les impressions ; abus de diversité ; abus de résonance ; abus de facilités ; abus de merveilles ; abus de ces prodigieux moyens de déclenchement, par l'artifice desquels d'immenses effets sont mis sous le doigt d'un enfant. Toute vie actuelle est inséparable de ces abus. Notre système organique, soumis de plus en plus à des expériences mécaniques, physiques et chimiques toujours nouvelles, se comporte, à l'égard de ces puissances et de ces rythmes qu'on lui inflige, à peu près comme il le fait à l'égard d'une *intoxication insidieuse*. Il s'accommode à son poison, il l'exige bientôt. Il en trouve chaque jour la dose insuffisante.

L'œil, à l'époque de Ronsard, se contentait d'une chandelle, — si ce n'est d'une mèche trempée dans l'huile ; les érudits de ce temps-là, qui travaillaient volontiers la nuit, lisaient (et quels grimoires !), écrivaient sans difficulté, à quelque lueur mouvante et misérable. L'œil, aujourd'hui, réclame vingt, cinquante, cent bougies. L'oreille exige toutes les puissances de l'orchestre, tolère les dissonances les plus féroces, s'accoutume au tonnerre des camions, aux sifflements, aux grincements, aux ronflements des machines, et parfois les veut retrouver dans la musique des concerts.

Quant à notre sens le plus central, ce sens intime de la distance entre le désir et la possession de son objet, qui n'est autre que le sens de la durée, ce sentiment du temps, qui se contentait jadis de la vitesse de la course des chevaux, il trouve aujourd'hui que les rapides sont bien lents, et les messages électriques le font mourir de langueur. Enfin, les événements eux-mêmes sont réclamés comme une nourriture jamais assez relevée. S'il n'y a point, le matin, quelque grand malheur dans le monde, nous sentons un certain vide : « Il n'y rien, aujourd'hui, dans les journaux ! » disons-nous. Nous voilà pris sur le fait, nous sommes tous empoisonnés. Je suis donc fondé à dire qu'il existe pour nous une sorte d'intoxication par l'énergie, comme il y a une intoxication par la hâte, et une autre par la dimension.

Les enfants trouvent qu'un navire n'est jamais assez gros, une voiture ou un avion jamais assez vite, et l'idée de la supériorité absolue de la grandeur quantitative, idée dont la naïveté et la grossièreté sont évidentes (je l'espère), est l'une des plus caractéristiques de l'espèce humaine moderne. Si l'on recherche en quoi la manie de la hâte (par exemple) affecte les vertus de l'esprit, on trouve bien aisément autour de soi et en soi-même tous les risques de l'intoxication dont je parlais.

J'ai signalé, il y a quelque quarante ans, comme un phénomène critique dans l'histoire du monde la disparition de la terre libre, c'est-à-dire l'occupation achevée des territoires par des nations organisées, la suppression des biens qui ne sont à personne. Mais, parallèlement à ce phénomène politique, on constate la disparition du temps libre.

L'espace libre et le temps libre ne sont plus que des souvenirs. Le temps libre dont il s'agit n'est pas le loisir, tel qu'on l'entend d'ordinaire. Le loisir apparent existe encore, et même ce loisir apparent se défend et se généralise au moyen de mesures légales et de perfectionnements mécaniques contre la conquête des heures par l'activité. Les journées de travail sont mesurées et ses heures comptées par la loi. Mais je dis que le loisir intérieur, qui est tout autre chose que le loisir chronométrique, se perd. Nous perdons cette paix essentielle des profondeurs de l'être, cette absence sans prix, pendant laquelle les éléments les plus délicats de la vie se rafraîchissent et se réconfortent, pendant laquelle l'être, en quelque sorte, se lave du passé et du futur, de la conscience présente, des obligations suspendues et des attentes embusquées... Point de souci, point de lendemain, point de pression intérieure ; mais une sorte de repos dans l'absence, une vacance bienfaisante, qui rend l'esprit à sa liberté propre. Il ne s'occupe alors que de soi-même. Il est délié de ses devoirs envers la connaissance pratique et déchargé du soin des choses prochaines : il peut produire des formations pures comme des cristaux. Mais voici que la rigueur, la tension et la précipitation de notre existence moderne troublent ou dilapident ce précieux repos. Voyez en vous et autour de vous ! Les progrès de l'insomnie sont remarquables et suivent exactement tous les autres progrès. Que de personnes dans le monde ne dorment plus que d'un œil de synthèse, et se fournissent de néant dans la savante industrie de la chimie organique ! Peut-être de nouveaux assemblages de molécules plus ou moins *barbituriques* nous donneront-ils la méditation que l'existence nous interdit de plus en plus d'obtenir naturellement. La pharmacopée, quelque jour, nous offrira de la profondeur. Mais, en attendant, la fatigue et la confusion mentale sont parfois telles que l'on se prend à regretter naïvement les Tahiti, les paradis de simplicité et de paresse, les vies à forme lente et inexacte que nous n'avons jamais connues. Les primitifs ignorent la nécessité d'un temps finement divisé.

Il n'y avait pas de minute ni de seconde pour les anciens. Des artistes comme Stevenson, comme Gauguin, ont fui l'Europe et gagné des îles sans horloges. Le courrier ni le téléphone ne harcelait Platon. L'heure du train ne pressait pas Virgile. Descartes s'oubliait à songer sur les quais d'Amsterdam. Mais nos mouvements d'aujourd'hui se règlent sur des fractions exactes du temps. Le vingtième de seconde lui-même commence à n'être plus négligeable dans certains domaines de la pratique.

Sans doute l'organisme est admirable de souplesse. Il résiste jusqu'ici à des traitements de plus en plus inhumains, mais, enfin, soutiendra-t-il toujours cette contrainte et ces excès ? Ce n'est pas tout. Dieu sait ce que nous subissons, ce que notre malheureuse sensibilité doit compenser comme elle peut !... Elle supporte les vacarmes que vous savez ; elle souffre les odeurs nauséabondes, les éclairages follement intenses et violemment contrastés. Notre corps est soumis à une trépidation perpétuelle ; il a besoin, désormais, d'excitants brutaux, de boissons infernales, d'émotions brèves et grossières, pour ressentir et pour agir.

Je ne suis pas éloigné, en présence de tous ces faits, de conclure que la sensibilité chez les modernes est en voie d'affaiblissement. Puisqu'il faut une excitation plus forte, une dépense plus grande d'énergie pour que nous sentions quelque chose, c'est donc que la délicatesse de nos sens, après une période d'affinement, se fait moindre. Je suis persuadé que des mesures précises des énergies exigées aujourd'hui par les sens des civilisés montreraient que les seuils de leur sensibilité se relèvent, c'est-à-dire qu'elle devient plus obtuse.

Cette atténuation de la sensibilité se marque assez par l'indifférence croissante et générale à la laideur et à la brutalité des aspects.

Nous avons, en vue de la culture artistique, développé nos musées ; nous avons introduit une manière d'éducation esthétique dans nos écoles. Mais ce ne sont là que des mesures spécieuses, qui ne peuvent aboutir qu'à répandre une érudition abstraite, sans effets positifs. Tout se borne à distribuer un savoir sans profondeur vivante, puisque nous admettons que nos voies publiques, nos rues, nos places soient déshonorées par des monuments qui offensent la vue et l'esprit ; que nos villes se développent dans le désordre, que les constructions de l'Etat ou des particuliers s'élèvent sans le moindre souci des exigences les plus simples du sentiment de la forme.

Mais j'effleure ici le domaine des choses morales. Notre décadence dans l'ordonnance des bâtiments et des perspectives tient, en grande partie, à l'exagération de la manie du contrôle, qui est elle-même un symptôme de la dégénérescence du goût de la responsabilité.

Cette ordonnance des constructions et des créations urbaines ne peut-être qu'une action volontaire bien déterminée. Elle est une œuvre d'art. Elle ne doit donc pas résulter des délibérations d'un conseil, d'un comité, d'une commission, d'un corps constitué quelconque, aussi bien composé qu'on le voudra. Construire, c'est ici réaliser un certain souhait de l'œil, souhait que l'esprit peu à peu précise, approfondit, rapproche de son exécution, par les actes, et dans la matière. Mais une des marques de la défaillance du caractère dans notre temps est de subordonner l'action au contrôle de l'action et de placer la défiance et la délibération un peu partout.

Je reviendrai sur cela tout à l'heure.

Abordons, à présent, un des objets capitaux de notre examen. Le plus important peut-être.

Tout l'avenir de l'intelligence dépend de l'éducation, ou plutôt des enseignements de tout genre que reçoivent les esprits. Les termes d'éducation et d'enseignement ne doivent pas être pris ici dans un sens restreint. On songe généralement, quand on les prononce, à la formation systématique de l'enfant et de l'adolescent, par les parents ou par des maîtres. Mais n'oublions pas que notre vie toute entière peut être considérée comme une éducation non plus organisée, ni même organisable, mais, au contraire, essentiellement désordonnée, qui consiste dans l'ensemble des impressions et des acquisitions bonnes ou mauvaises que nous devons à la vie même. L'école n'est pas seule à instruire les jeunes. Le milieu et l'époque ont sur eux autant et plus d'influence que les éducateurs. La rue, les propos, les spectacles, les fréquentations, l'air du temps, les modes qui se succèdent (et, par mode, je n'entends pas seulement celles du vêtement et des manières, mais celles qui s'observent dans le langage), agissent puissamment et constamment sur leur esprit.

Mais donnons d'abord notre attention à l'éducation organisée, celle qui se dispense dogmatiquement dans les écoles. Je ferai une remarque préliminaire qu'exige, à mon avis, la caractéristique la plus manifeste de notre temps. J'estime qu'on ne peut plus traiter une question quelconque qui concerne la vie humaine sans tenir compte des diverses formes qu'elle revêt dans l'ensemble du monde civilisé. En toute manière, notre époque exige de nous ou nous impose un regard plus étendu qu'il ne le fut jadis. On ne peut plus restreindre l'étude d'un problème humain à ce qui se passe dans une certaine nation. Il faut étendre son investigation aux peuples voisins, parfois à des peuples très éloignés. Les relations humaines sont devenues si étroites et si nombreuses, et les répercussions si rapides, et souvent si surprenantes, que l'examen des phénomènes de tous ordres qui s'observent dans un canton restreint ne peut suffire à nous renseigner sur les conditions et les possibilités d'existence dans ce même cercle restreint, même locales. Toute connaissance est, aujourd'hui, nécessairement une connaissance comparée.

Eh bien, les hommes de demain en Europe, c'est-à-dire les enfants et les adolescents d'aujourd'hui, se divisent en groupes fort différents. Ces groupes seront demain en regard l'un de l'autre, ils seront en concurrence, en liaison ou en opposition entre eux. Il faut donc bien observer comparativement ce que nous faisons de nos enfants, et ce qu'en font les autres nations, et songer aux conséquences possibles de ces éducations dissemblables. Je n'y insisterai pas beaucoup. Mais je ne puis ne pas vous rappeler que, dans trois ou quatre grands pays, la jeunesse toute entière est, depuis quelques années, soumise à un traitement éducatif de caractère essentiellement politique. *Politique d'abord*, tel est le principe des programmes et des disciplines scolaires de ces nations. Ces programmes et ces disciplines sont ordonnés à la formation uniforme des jeunes esprits, et des intentions politiques et sociales remarquablement précises l'emportent ici sur toutes considérations de culture. Les moindres détails de la vie scolaire, les manières inculquées, les jeux, les lectures offertes aux jeunes gens, tout doit concourir à en faire des hommes adaptés à une structure sociale et à des dessins nationaux ou sociaux parfaitement déterminés. La liberté de l'esprit est résolument subordonnée à la doctrine d'Etat, doctrine qui, sans doute, varie suivant les nations dans ses principes, mais qui est, on peut le dire, identique partout, quant à l'objectif d'uniformité souhaité. *L'Etat se fait ses hommes.*

Notre jeunesse trouvera donc très prochainement en face d'elle des jeunesses homogènes, façonnées, dressées et, pour ainsi dire, *étatisées*. L'Etat moderne de ce type ne souffre aucune discordance dans l'enseignement, et cet enseignement, qui commence dans l'âge le plus tendre, ne lâche plus sa proie, en continue et en parachève l'éducation par des systèmes postscolaires d'allure militaire.

Je ne veux et ne puis aller plus loin dans cette observation, et je me borne à poser la question qui m'importe ici, question à laquelle l'avenir seul peut répondre :

— Qu'en résultera-t-il pour la valeur de la culture ? Que deviendront l'indépendance des esprits, celles des recherches, et surtout celle des sentiments ? Que deviendra la liberté de l'intelligence ?

Laissons cela, mais revenons à la France et considérons un peu notre système d'éducation et d'enseignement.

Je suis bien obligé de constater que ce système, ou plutôt ce qui en tient lieu (car, après tout, je ne sais pas si nous avons un système, ou si ce que nous avons peut se nommer système), je suis obligé de constater que notre enseignement participe de l'incertitude générale, du désordre de notre temps. Et même il reproduit si exactement cet état chaotique, cet état de confusion, d'incohérence si remarquable, qu'il suffirait d'observer nos programmes et nos objectifs d'études pour reconstituer l'état mental de notre époque et retrouver tous les traits de notre doute et de nos fluctuations sur toute valeur. Notre enseignement n'est pas, comme dans les pays dont je viens de parler, nettement dominé par une politique. Il est mêlé de politique, ce qui est fort différent ; et il est mêlé de politique de manière irrégulière et inconstante. On peut dire qu'il est libre, mais comme nous-mêmes sommes libres, d'une liberté tempérée à chaque instant par la crainte de ses excès, mais ravivée, dès l'instant suivant, par la crainte de l'excès contraire. À peine sommes-nous rassurés par l'énergie qui s'annonce et qui va se montrer, que nous nous hérissons contre cette démonstration esquissée.

L'enseignement montre donc son incertitude et la montre à sa façon. La tradition et le progrès se partagent ses désirs. Tantôt il s'avance résolument, esquisse des programmes qui font table rase de bien des traditions littéraires ou scientifiques ; tantôt le souci respectable de ce qu'on nomme les *humanités* le rappelle à elles, et l'on voit s'élever, une fois de plus, la dispute infinie que vous savez entre les morts et les vivants, où les vivants n'ont pas toujours l'avantage. Je suis bien obligé de remarquer que, dans ces discussions et dans cette alternative, les questions fondamentales ne sont jamais énoncées. Je sais que le problème est horriblement difficile. La quantité croissante des connaissances d'une part, le souci de conserver certaines qualités que nous considérons, à tort ou à raison, non seulement comme supérieures en soi, mais comme caractéristiques de la nation, se peuvent difficilement accorder. Mais si l'on considérait le sujet lui-même de l'éducation : *l'enfant*, dont il s'agit de faire un homme, et si l'on se demandait ce que l'on veut au juste que cet enfant devienne, il me semble que le problème serait singulièrement et heureusement transformé, et que tout programme, toute méthode d'enseignement, comparés point par point, à l'idée de cette transformation à obtenir et du sens dans lequel elle devrait s'opérer, seraient par là jugés. Supposons, par exemple, que l'on dise :

— Il s'agit de donner à cet enfant (pris au hasard) les notions nécessaires pour qu'il apporte à la nation un homme capable de gagner sa vie, de vivre dans le monde moderne où il devra vivre, d'y apporter un élément utile, un élément non dangereux, mais un élément capable de concourir à la prospérité générale. D'autre part, capable de jouir des acquisitions de toute espèce de la civilisation, de les accroître ; en somme, de coûter le moins possible aux autres et de leur apporter le plus...

Je ne dis pas que cette formule soit définitive ni complète ni même du tout satisfaisante. Je dis que c'est dans cet ordre de questions qu'il faut, avant toute chose, fixer son esprit quand on veut statuer sur l'enseignement. Il est clair qu'il faut d'abord inculquer aux jeunes gens les conventions fondamentales qui leur permettront les relations avec leurs semblables, et les notions qui, éventuellement, leur donneront les moyens de développer leur force ou de parer à leurs faiblesses dans le milieu social. Mais quand on examine ce qui est, on est frappé de voir combien les méthodes en usage, si méthodes il y a (et s'il ne s'agit pas seulement d'une combinaison de routine, d'une part, et d'expérience ou d'anticipation téméraire, d'autre part), négligent cette réflexion préliminaire que j'estime essentielle. Les préoccupations dominantes semblent être de donner aux enfants une culture disputée entre la tradition dite classique, et le désir naturel de les initier à l'énorme développement des connaissances et de l'activité modernes. Tantôt une tendance l'emporte, tantôt l'autre ; mais jamais, parmi tant d'arguments, jamais ne se produit la question essentielle :

— *Que veut-on et que faut-il vouloir ?*

C'est qu'elle implique une décision, un parti à prendre. Il s'agit de se représenter *l'homme de notre temps*, et cette *idée de l'homme* dans le milieu probable où il vivra doit être d'abord établie. Elle doit résulter de l'observation précise, et non du sentiment et des préférences des uns et des autres, — de leurs espoirs politiques, notamment. Rien de plus coupable, de plus pernicieux et de plus décevant que la politique de parti en matière d'enseignement. Il est cependant un point où tout le monde s'entend, s'accorde déplorablement. Disons-le : l'enseignement a pour objectif réel, le *diplôme*.

Je n'hésite jamais à le déclarer, le diplôme est l'ennemi mortel de la culture. Plus les diplômes ont pris d'importance dans la vie (et cette importance n'a fait que croître à cause des circonstances économiques), plus le rendement de l'enseignement a été faible. Plus le contrôle s'est exercé, s'est multiplié, plus les résultats ont été mauvais.

Mauvais par ses effets sur l'esprit public et sur l'esprit tout court. Mauvais parce qu'il crée des espoirs, des illusions de droits acquis. Mauvais par tous les stratagèmes et les subterfuges qu'il suggère ; les recommandations, les préparations stratégiques, et, en somme, l'emploi de tous expédients pour franchir le seuil redoutable. C'est là, il faut l'avouer, une étrange et détestable initiation à la vie intellectuelle et civique.

D'ailleurs, si je me fonde sur la seule expérience et si je regarde les effets du contrôle en général, je constate que le contrôle, en toute matière, aboutit à vicier l'action, à la pervertir... Je vous l'ai déjà dit : dès qu'une action est soumise à un contrôle, le but profond de celui qui agit n'est plus l'action même, mais il conçoit d'abord la prévision du contrôle, la mise en échec des moyens de contrôle. Le contrôle des études n'est qu'un cas particulier et une démonstration éclatante de cette observation très générale.

Le diplôme fondamental, chez nous, c'est le baccalauréat. Il a conduit à orienter les études sur un programme strictement défini et en considération d'épreuves qui, avant tout, représentent, pour les examinateurs, les professeurs et les patients, une perte totale, radicale et non compensée, de temps et de travail. Du jour où vous créez un diplôme, un contrôle bien défini, vous voyez aussitôt s'organiser en regard tout un dispositif non moins précis que votre programme, qui a pour but unique de conquérir ce diplôme par tous moyens. Le but de l'enseignement n'étant plus la formation de l'esprit, mais l'acquisition du diplôme, c'est le minimum exigible qui devient l'objectif des études. Il ne s'agit plus d'apprendre le latin, ou le grec, ou la géométrie. Il s'agit *d'emprunter*, et non plus *d'acquérir*, d'emprunter ce qu'il faut pour passer le *baccalauréat*.

Ce n'est pas tout. Le diplôme donne à la société un fantôme de garantie, et aux diplômés des fantômes de droits. Le diplômé passe officiellement pour savoir : il garde toute sa vie ce brevet d'une science momentanée et purement expédiente. D'autre part, ce diplômé au nom de la loi est porté à croire qu'on lui doit quelque chose. Jamais convention plus néfaste à tout le monde, à l'Etat et aux individus (et, en particulier, à la culture), n'a été instituée. C'est en considération du diplôme, par exemple, que l'on a vu se substituer à la lecture des auteurs l'usage des résumés, des manuels, des comprimés de science extravagants, les recueils de questions et de réponses toutes faites, extraits et autres abominations. Il en résulte que plus rien dans cette culture adultérée ne peut aider ni convenir à la vie d'un esprit qui se développe.

Je ne veux pas examiner en détail les diverses matières de cet enseignement détestable : je me bornerai à vous montrer à quel point l'esprit se trouve choqué et blessé par ce système dans ses parties les plus sensibles.

Laissons la question du grec et celle du latin, c'est une dérision que l'histoire des vicissitudes de ces enseignements. On remet, ou on retire, selon le flux ou le reflux, un peu plus de grec ou un peu plus de latin dans les programmes. Mais quel grec et quel latin ! La querelle dite des « humanités » n'est que le combat des simulacres de culture. L'impression qu'on éprouve devant l'usage que l'on fait de ces malheureuses langues deux fois mortes est celle d'une étrange falsification. Ce ne sont plus véritablement des langues ni des littératures dont on s'occupe, ces langages semblent n'avoir jamais été parlés que par des fantômes. Ce sont, pour l'immense majorité de ceux qui font semblant de les étudier, des conventions bizarres dont l'unique fonction est de constituer les difficultés d'un examen. Sans doute le latin et le grec ont beaucoup changé depuis un siècle. Actuellement, l'antiquité n'est plus du tout celle de Rollin, pas plus que les chefs-d'œuvre de la sculpture antique ne sont, depuis cent ans, ni l'*Apollon du Belvédère* ni *Le Laocoon* ; et sans doute on ne sait plus ni le latin des jésuites ni celui des docteurs en philologie. On sait un latin, ou, plutôt, on fait semblant de savoir un latin, dont la version du baccalauréat est la fin dernière et définitive. J'estime, pour ma part, que mieux vaudrait rendre l'enseignement des langues mortes entièrement facultatif, sans épreuves obligatoires, et dresser seulement quelques élèves à les connaître assez solidement, plutôt que de les contraindre en masse à absorber des parcelles inassimilables de langages qui n'ont jamais existé... Je croirai à l'enseignement des langues antiques quand j'aurai vu, en chemin de fer, un voyageur sur mille tirer de sa poche un petit Thucydide ou un charmant Virgile, et s'y absorber, foulant aux pieds journaux et romans plus ou moins policiers.

Mais passons au français. Il me suffira, sur ce point, de vous apprendre une chose immense : la France est le seul pays du monde où l'on ne puisse absolument pas apprendre à parler le français. Allez à Tokyo à Hambourg, à Melbourne, il n'est pas impossible que l'on vous y enseigne à prononcer correctement votre langue. Mais faites, au contraire, le tour de France, c'est-à-dire le tour des accents, et vous connaîtrez Babel. Rien de moins étonnant : on ne prononce spontanément le véritable français que dans les régions où le français s'est formé. Mais ce qui, au contraire, peut étonner l'observateur, — mais qui semble ne pas étonner les éducateurs, — c'est que ces diverses prononciations françaises : accent marseillais, picard, lyonnais, limousin, corse ou germanique, ne soient, dans une nation dont on connaît les goûts très vifs pour l'unification, réformés, corrigés, de manière que tous les français puissent reconnaître leur langue, en tous les points du territoire.

*

Ici se placent les méfaits de l'orthographe. Parcourons donc les provinces de notre pays. Nous trouverons dans les divers parlers locaux que les voyelles du français sont généralement altérées selon les provinces. Mais, au contraire, nous observons que la *figure* des mots, cette figure articulée qui est en quelque sorte construite ou dessinée par les *consonnes*, est rigoureusement, beaucoup trop rigoureusement, formée par toutes ces bouches selon la criminelle orthographe. On constate, par exemple, que toutes les lettres doublées dans l'écriture et que le français ne devrait pas faire sentir sont terriblement fortifiées dans la parole. Tout se prononce. On dira, par exemple, som*p*tueux ou dompter…, au lieu de *sontueux* ou *donter...* Et, dans le Midi, nous disons fort bien : *La valeur n'attend pas le nombre des années.*

Ce n'est pas ici le lieu de faire le procès complet de l'orthographe. L'absurdité de notre orthographe qui est, en vérité, une des fabrications les plus cocasses du monde, est bien connue. Elle est un recueil impérieux ou impératif d'une quantité d'erreurs d'étymologies artificiellement fixées par des décisions inexplicables. Laissons ce procès de côté (non sans observer à quel point la complication orthographique de notre langue la met en état d'infériorité vis-à-vis de certaines autres. L'italien est parfaitement phonétique, cependant que le français, qui est riche, possède deux manières d'écrire *f*, quatre manières d'écrire *k*, deux d'écrire *z*, etc.).

Mais je reviens à la langue parlée. Croyez-vous que notre littérature, et singulièrement notre poésie, ne pâtisse pas de notre négligence dans l'éducation de la parole ? Que voulez-vous que devienne un poète, un véritable poète, un homme pour qui les sons du langage ont une importance égale (*égale, vous m'entendez bien !*) à celle du sens, quand, ayant calculé de son mieux ses figures rythmiques, la valeur de la voix et des timbres, il lui arrive d'entendre cette musique si particulière qu'est la poésie, interprétée, ou plutôt massacrée, selon l'un des divers accents que je vous ai énumérés ? Mais même lorsque l'accent est celui du véritable français, la diction scolaire telle qu'elle est pratiquée est tout bonnement criminelle. Allez donc entendre du La Fontaine, du Racine, récité dans une école quelconque ! La consigne est littéralement d'ânonner, et, d'ailleurs, jamais la moindre idée du rythme, des assonances et des allitérations qui constituent la substance sonore de la poésie n'est donnée et démontrée aux enfants. On considère sans doute comme futilités ce qui est la substance même de la poésie. Mais, en revanche, on exigera des candidats aux examens une certaine connaissance de la poésie et des poètes. Quelle étrange connaissance ! N'est-il pas étonnant que l'on substitue cette connaissance purement abstraite (et qui n'a d'ailleurs qu'un rapport lointain avec la poésie), à la sensation même du poème ? Cependant qu'on exige le respect de la partie absurde de notre langage, qui est sa partie orthographique, on tolère la falsification la plus barbare de la partie phonétique, c'est-à-dire la langue vivante. L'idée fondamentale semble ici, comme en d'autres matières, d'instituer des moyens de contrôle *faciles*, car rien n'est plus facile que de constater la conformité de l'écriture d'un texte, ou sa non-conformité, avec l'orthographe légale, aux dépens de la véritable connaissance, c'est-à-dire de la sensation poétique. L'orthographe est devenue le critérium de la belle éducation, cependant que le sentiment musical, le nombre et le dessin des phrases ne jouent absolument aucun rôle dans les études ni dans les épreuves...

[*]

L'éducation ne se borne pas à l'enfance et à l'adolescence. L'enseignement ne se limite pas à l'école. Toute la vie, notre milieu est notre éducateur, et un éducateur à la fois sévère et dangereux.

Sévère, car les fautes ici se paient plus sérieusement que dans les collèges, et dangereux, car nous n'avons guère conscience de cette action éducatrice, bonne ou mauvaise, du milieu et de nos semblables. Nous apprenons quelque chose à chaque instant ; mais ces leçons immédiates sont en général insensibles. Nous sommes faits, pour une grande part, de tous les événements qui ont eu prise sur nous ; mais nous n'en distinguons pas les effets qui s'accumulent et se combinent en nous. Voyons d'un peu plus près comment cette éducation de hasard nous modifie.

Je distinguerai deux sortes de ces leçons accidentelles de tous les instants : les unes, qui sont les bonnes, ou, du moins, qui pourraient l'être, ce sont les *leçons de choses*, ce sont les expériences qui nous sont imposées, ce sont les faits qui sont directement observés ou subis par nous-mêmes. Plus cette observation est directe, plus nous percevons directement les choses, ou les événements, ou les êtres, sans traduire aussitôt nos impressions en clichés, en formules toutes faites, et plus ces perceptions ont de valeur. J'ajoute — ce n'est pas un paradoxe — qu'une perception directe est d'autant plus précieuse que nous savons moins l'exprimer. Plus elle met en défaut les ressources de notre langage, plus elle nous contraint à les développer.

Nous possédons en nous toute une réserve de formules, de dénominations, de locutions toutes prêtes, qui sont de pure imitation, qui nous délivrent du soin de penser, et que nous avons tendance à prendre pour des solutions valables et appropriées.

*

Nous répondrons le plus souvent à ce qui nous frappe par des paroles dont nous ne sommes pas les véritables auteurs. Notre pensée — ou ce que nous prenons pour notre pensée — n'est alors qu'une simple réponse automatique. C'est pourquoi il faut difficilement se croire soi-même *sur parole*. Je veux dire que la parole qui nous vient à l'esprit, généralement n'est pas de nous.

Mais d'où vient-elle ? C'est ici que se manifeste le second genre de leçons dont je vous parlais. Ce sont celles qui ne nous sont pas données par notre expérience personnelle directe, mais que nous tenons de nos lectures ou de la bouche d'autrui.

Vous le savez, mais vous ne l'avez peut-être pas assez médité, à quel point l'ère moderne est *parlante*. Nos villes sont couvertes de gigantesques écritures. La nuit même est peuplée de mots de feu. Dès le matin, des feuilles imprimées innombrables sont aux mains des passants, des voyageurs dans les trains, et des paresseux dans leurs lits. Il suffit de tourner un bouton dans sa chambre pour entendre les voix du monde, et parfois la voix de nos maîtres. Quant aux livres, on n'en a jamais tant publié.

On n'a jamais tant lu, ou plutôt tant parcouru !

Que peut-il résulter de cette grande débauche ?

Les mêmes effets que je vous décrivais tout à l'heure ; mais, cette fois, c'est notre sensibilité verbale qui s'est brutalisée, émoussée, dégradée... Le langage s'use en nous.

L'épithète est dépréciée. L'inflation de la publicité a fait tomber à rien la puissance des adjectifs les plus forts. La louange et même l'injure sont dans la détresse ; on doit se fatiguer à chercher de quoi glorifier ou insulter les gens !

D'ailleurs, la quantité des publications, leur fréquence diurne, le flux des choses qui s'impriment ou se diffusent, emportent du matin au soir les jugements et les impressions, les mélangent et les malaxent, et font de nos cervelles une substance véritablement grise, où rien ne dure, rien ne domine, et nous éprouvons l'étrange impression de la monotonie de la nouveauté, et de l'ennui des merveilles et des extrêmes.

Que faut-il conclure de ces constatations ?

Si incomplètes qu'elles soient, je pense qu'elles suffisent à faire concevoir des craintes sérieuses sur les destins de l'intelligence telle que nous la connaissions jusqu'ici. Nous sommes en possession d'un modèle de l'esprit et de divers étalons de valeur intellectuelle qui, quoique forts anciens, — pour ne pas dire : immémoriaux, — ne sont peut-être pas éternels.

Par exemple, nous n'imaginons guère encore que le travail mental puisse être collectif. L'individu semble essentiel à l'accroissement de la science la plus élevée et à la production des arts. Quant à moi, je m'en tiens énergiquement à cette opinion ; mais j'y reconnais mon sentiment propre, et je sais que je dois douter de mon sentiment : plus il est fort, plus j'y retrouve ma personne, et je me dis qu'il ne faut pas essayer de lire dans une personne les lignes de l'avenir. Je m'oblige à ne pas me prononcer sur les grandes énigmes que nous propose l'ère moderne. Je vois qu'elle soumet nos esprits à des épreuves inouïes.

Toutes les notions sur lesquelles nous avons vécu sont ébranlées. Les sciences mènent la danse. Le temps, l'espace, la matière, sont comme sur le feu, et les catégories sont en fusion. Quant aux principes politiques et aux lois économiques, vous savez assez que Méphistophélès en personne semble aujourd'hui les avoir engagés dans la troupe de son sabbat.

Enfin, la question si difficile et si controversée des rapports entre l'individu et l'Etat se pose : l'Etat, c'est-à-dire l'organisation de plus en plus précise, étroite, exacte, qui prend à l'individu toute la portion qu'il veut de sa liberté, de son travail, de son temps, de ses forces et, en somme, de sa vie, pour lui donner... Mais quoi lui donner ? Pour lui donner de quoi jouir du reste, développer ce reste ?... Ce sont des parts bien difficiles à déterminer. Il semble que l'Etat actuellement l'emporte et que sa puissance tende à absorber presque entièrement l'individu.

Mais l'individu, c'est aussi la liberté de l'esprit. Or, nous avons vu que cette liberté (dans son sens le plus élevé) devient illusoire par le seul effet de la vie moderne. Nous sommes suggestionnés, harcelés, abêtis, en proie à toutes les contradictions, à toutes les dissonances qui déchirent le milieu de la civilisation actuelle. L'individu est déjà compromis, avant même que l'Etat l'ait entièrement assimilé.

*

Je vous ai dit que je ne conclurai pas, mais je terminerai sur une manière de conseil.

Parmi tous les traits de l'époque, il en est un dont je ne dirai pas de mal. Je ne suis pas ennemi du sport... J'entends du sport qui ne dérive pas de la seule imitation et de la mode, ni de celui qui fait trop grand bruit dans les journaux. Mais j'aime l'idée sportive. Et je la transporte volontiers dans le domaine de l'esprit. Cette idée conduit à porter au point le plus élevé quelqu'une de nos qualités natives en observant cependant l'équilibre de toutes, car un sport qui déforme son sujet est un mauvais sport. Enfin, tout sport sérieusement pratiqué exige des épreuves, des privations parfois sévères, une hygiène, une tension et une constance mesurables par les résultats, — en somme, une véritable morale de l'action qui tend à développer le type humain par un dressage fondé sur l'analyse de ses facultés et de leur excitation raisonnée. On pourrait le caractériser par cette formule d'apparence paradoxale en disant qu'il consiste dans l'éducation réfléchie des réflexes.

Mais l'esprit, tout esprit qu'il est, peut se traiter par des méthodes analogues. Le fonctionnement de notre esprit peut se considérer comme une suite très irrégulièrement constituée de productions inconscientes et d'interventions de la conscience. Nous sommes mentalement une succession de transformations dont les unes, les conscientes, sont plus complexes que les autres, les inconscientes. Tantôt nous rêvons, tantôt nous veillons ! Voilà le fait grossement exprimé. Or, tous les progrès positifs, incontestables de la puissance humaine, sont dus à l'utilisation de ces deux modes d'existence psychique, avec accroissement de la conscience, c'est-à-dire : accroissement de l'action volontaire intérieure. Si le civilisé pense d'une manière différente du primitif, c'est la conséquence de la prédominance des réactions conscientes sur les produits inconscients. Sans doute, ces derniers sont la matière indispensable, et parfois du plus haut prix, de nos pensées, mais leur valeur durable dépend finalement de la conscience.

Le sport intellectuel consiste donc dans le développement et le contrôle de nos actes intérieurs. Comme le virtuose du piano ou du violon arrive à accroître artificiellement, par études sur soi-même, la conscience de ses impulsions et à les posséder distinctement de manière à acquérir une liberté d'ordre supérieur, ainsi faudrait-il, dans l'ordre de l'intellect, acquérir un art de penser, se faire une sorte de psychologie dirigée... C'est la grâce que je vous souhaite.

Paul Valéry

Table des matières